CROWN JOURNALS

INFORMATION

NAME:	
PHONE:	EMAIL:
DATE STARTED:	DATE COMPLETED:

EMERGENCY CONTACT

NAME:	
HOME NO.:	CELL NO.:
RELATIONSHIP:	

ESSENTIAL CONTACTS

DOCTOR:

PHARMACY:

EYE CLINIC:

DENTIST:

PERSONAL CALCULATED AMOUNT OF INSULIN

BREAKFAST:	LUNCH:
DINNER:	OTHER:

THIS BOOK IS NOT MEANT TO REPLACE MEDICAL ADVICE OF PHYSICIANS. THE READER SHOULD REGULARLY CONSULT A PHYSICIAN IN MATTERS RELATING TO HIS/HER HEALTH AND PARTICULARLY WITH RESPECT TO ANY SYMPTOMS THAT MAY REQUIRE DIAGNOSIS OR MEDICAL ATTENTION.

NOTES

KEY

CP= CARBOHYDRATE PORTION

QA= QUICK ACTING INSULIN

BI= BACKGROUND INSULIN

B'FAST= BREAKFAST

B'TIME= BEDTIME

HOW TO COMPLETE THE LOGS

DAY	READING	BEFORE	AFTER	QA	BI	CP
MONDAY	B'FAST (TIME)	**11.4**	**12.0**	**10**	**36**	**5**
	LUNCH (TIME)	**12.0**	**12.4**	**6**		**4**
	DINNER (TIME)	**11.4**	**11.4**	**7**		**3**
	OTHER (TIME)					
	B'TIME (TIME)					
	NOTES					
	PORRIDGE + BREAD, SCONES + BREAD, RICE + CHICKEN					

NOTES

GLUCOSE LOG

WEEK COMMENCING

DAY	READING	BEFORE	AFTER	QA	BI	CP
MONDAY	B'FAST (TIME)					
	LUNCH (TIME)					
	DINNER (TIME)					
	OTHER (TIME)					
	B'TIME (TIME)					
	NOTES					
TUESDAY	READING	BEFORE	AFTER	QA	BI	CP
	B'FAST (TIME)					
	LUNCH (TIME)					
	DINNER (TIME)					
	OTHER (TIME)					
	B'TIME (TIME)					
	NOTES					
WEDNESDAY	READING	BEFORE	AFTER	QA	BI	CP
	B'FAST (TIME)					
	LUNCH (TIME)					
	DINNER (TIME)					
	OTHER (TIME)					
	B'TIME (TIME)					
	NOTES					
THURSDAY	READING	BEFORE	AFTER	QA	BI	CP
	B'FAST (TIME)					
	LUNCH (TIME)					
	DINNER (TIME)					
	OTHER (TIME)					
	B'TIME (TIME)					
	NOTES					

GLUCOSE LOG

WEEK COMMENCING

DAY	READING	BEFORE	AFTER	QA	BI	CP
FRIDAY	B'FAST (TIME)					
	LUNCH (TIME)					
	DINNER (TIME)					
	OTHER (TIME)					
	B'TIME (TIME)					
	NOTES					

DAY	READING	BEFORE	AFTER	QA	BI	CP
SATURDAY	B'FAST (TIME)					
	LUNCH (TIME)					
	DINNER (TIME)					
	OTHER (TIME)					
	B'TIME (TIME)					
	NOTES					

DAY	READING	BEFORE	AFTER	QA	BI	CP
SUNDAY	B'FAST (TIME)					
	LUNCH (TIME)					
	DINNER (TIME)					
	OTHER (TIME)					
	B'TIME (TIME)					
	NOTES					

NOTES

GLUCOSE LOG

WEEK COMMENCING

DAY	READING	BEFORE	AFTER	QA	BI	CP
MONDAY	B'FAST (TIME)					
	LUNCH (TIME)					
	DINNER (TIME)					
	OTHER (TIME)					
	B'TIME (TIME)					
	NOTES					
TUESDAY	READING	BEFORE	AFTER	QA	BI	CP
	B'FAST (TIME)					
	LUNCH (TIME)					
	DINNER (TIME)					
	OTHER (TIME)					
	B'TIME (TIME)					
	NOTES					
WEDNESDAY	READING	BEFORE	AFTER	QA	BI	CP
	B'FAST (TIME)					
	LUNCH (TIME)					
	DINNER (TIME)					
	OTHER (TIME)					
	B'TIME (TIME)					
	NOTES					
THURSDAY	READING	BEFORE	AFTER	QA	BI	CP
	B'FAST (TIME)					
	LUNCH (TIME)					
	DINNER (TIME)					
	OTHER (TIME)					
	B'TIME (TIME)					
	NOTES					

GLUCOSE LOG

WEEK COMMENCING

DAY	READING	BEFORE	AFTER	QA	BI	CP
FRIDAY	B'FAST (TIME)					
	LUNCH (TIME)					
	DINNER (TIME)					
	OTHER (TIME)					
	B'TIME (TIME)					
	NOTES					
SATURDAY	READING	BEFORE	AFTER	QA	BI	CP
	B'FAST (TIME)					
	LUNCH (TIME)					
	DINNER (TIME)					
	OTHER (TIME)					
	B'TIME (TIME)					
	NOTES					
SUNDAY	READING	BEFORE	AFTER	QA	BI	CP
	B'FAST (TIME)					
	LUNCH (TIME)					
	DINNER (TIME)					
	OTHER (TIME)					
	B'TIME (TIME)					
	NOTES					

NOTES

GLUCOSE LOG

WEEK COMMENCING

DAY	READING	BEFORE	AFTER	QA	BI	CP
MONDAY	B'FAST (TIME)					
	LUNCH (TIME)					
	DINNER (TIME)					
	OTHER (TIME)					
	B'TIME (TIME)					
	NOTES					

DAY	READING	BEFORE	AFTER	QA	BI	CP
TUESDAY	B'FAST (TIME)					
	LUNCH (TIME)					
	DINNER (TIME)					
	OTHER (TIME)					
	B'TIME (TIME)					
	NOTES					

DAY	READING	BEFORE	AFTER	QA	BI	CP
WEDNESDAY	B'FAST (TIME)					
	LUNCH (TIME)					
	DINNER (TIME)					
	OTHER (TIME)					
	B'TIME (TIME)					
	NOTES					

DAY	READING	BEFORE	AFTER	QA	BI	CP
THURSDAY	B'FAST (TIME)					
	LUNCH (TIME)					
	DINNER (TIME)					
	OTHER (TIME)					
	B'TIME (TIME)					
	NOTES					

GLUCOSE LOG

WEEK COMMENCING

DAY	READING	BEFORE	AFTER	QA	BI	CP
FRIDAY	B'FAST (TIME)					
	LUNCH (TIME)					
	DINNER (TIME)					
	OTHER (TIME)					
	B'TIME (TIME)					
	NOTES					
SATURDAY	READING	BEFORE	AFTER	QA	BI	CP
	B'FAST (TIME)					
	LUNCH (TIME)					
	DINNER (TIME)					
	OTHER (TIME)					
	B'TIME (TIME)					
	NOTES					
SUNDAY	READING	BEFORE	AFTER	QA	BI	CP
	B'FAST (TIME)					
	LUNCH (TIME)					
	DINNER (TIME)					
	OTHER (TIME)					
	B'TIME (TIME)					
	NOTES					

NOTES

GLUCOSE LOG

WEEK COMMENCING

DAY	READING	BEFORE	AFTER	QA	BI	CP
MONDAY	B'FAST (TIME)					
	LUNCH (TIME)					
	DINNER (TIME)					
	OTHER (TIME)					
	B'TIME (TIME)					
	NOTES					
TUESDAY	READING	BEFORE	AFTER	QA	BI	CP
	B'FAST (TIME)					
	LUNCH (TIME)					
	DINNER (TIME)					
	OTHER (TIME)					
	B'TIME (TIME)					
	NOTES					
WEDNESDAY	READING	BEFORE	AFTER	QA	BI	CP
	B'FAST (TIME)					
	LUNCH (TIME)					
	DINNER (TIME)					
	OTHER (TIME)					
	B'TIME (TIME)					
	NOTES					
THURSDAY	READING	BEFORE	AFTER	QA	BI	CP
	B'FAST (TIME)					
	LUNCH (TIME)					
	DINNER (TIME)					
	OTHER (TIME)					
	B'TIME (TIME)					
	NOTES					

GLUCOSE LOG

WEEK COMMENCING

DAY	READING	BEFORE	AFTER	QA	BI	CP
FRIDAY	B'FAST (TIME)					
	LUNCH (TIME)					
	DINNER (TIME)					
	OTHER (TIME)					
	B'TIME (TIME)					
	NOTES					
SATURDAY	READING	BEFORE	AFTER	QA	BI	CP
	B'FAST (TIME)					
	LUNCH (TIME)					
	DINNER (TIME)					
	OTHER (TIME)					
	B'TIME (TIME)					
	NOTES					
SUNDAY	READING	BEFORE	AFTER	QA	BI	CP
	B'FAST (TIME)					
	LUNCH (TIME)					
	DINNER (TIME)					
	OTHER (TIME)					
	B'TIME (TIME)					
	NOTES					

NOTES

GLUCOSE LOG

WEEK COMMENCING

DAY	READING	BEFORE	AFTER	QA	BI	CP
MONDAY	B'FAST (TIME)					
	LUNCH (TIME)					
	DINNER (TIME)					
	OTHER (TIME)					
	B'TIME (TIME)					
	NOTES					
TUESDAY	READING	BEFORE	AFTER	QA	BI	CP
	B'FAST (TIME)					
	LUNCH (TIME)					
	DINNER (TIME)					
	OTHER (TIME)					
	B'TIME (TIME)					
	NOTES					
WEDNESDAY	READING	BEFORE	AFTER	QA	BI	CP
	B'FAST (TIME)					
	LUNCH (TIME)					
	DINNER (TIME)					
	OTHER (TIME)					
	B'TIME (TIME)					
	NOTES					
THURSDAY	READING	BEFORE	AFTER	QA	BI	CP
	B'FAST (TIME)					
	LUNCH (TIME)					
	DINNER (TIME)					
	OTHER (TIME)					
	B'TIME (TIME)					
	NOTES					

GLUCOSE LOG

WEEK COMMENCING

DAY	READING	BEFORE	AFTER	QA	BI	CP
FRIDAY	B'FAST (TIME)					
	LUNCH (TIME)					
	DINNER (TIME)					
	OTHER (TIME)					
	B'TIME (TIME)					
	NOTES					
SATURDAY	READING	BEFORE	AFTER	QA	BI	CP
	B'FAST (TIME)					
	LUNCH (TIME)					
	DINNER (TIME)					
	OTHER (TIME)					
	B'TIME (TIME)					
	NOTES					
SUNDAY	READING	BEFORE	AFTER	QA	BI	CP
	B'FAST (TIME)					
	LUNCH (TIME)					
	DINNER (TIME)					
	OTHER (TIME)					
	B'TIME (TIME)					
	NOTES					

NOTES

GLUCOSE LOG

WEEK COMMENCING

DAY	READING	BEFORE	AFTER	QA	BI	CP
MONDAY	B'FAST (TIME)					
	LUNCH (TIME)					
	DINNER (TIME)					
	OTHER (TIME)					
	B'TIME (TIME)					
	NOTES					

DAY	READING	BEFORE	AFTER	QA	BI	CP
TUESDAY	B'FAST (TIME)					
	LUNCH (TIME)					
	DINNER (TIME)					
	OTHER (TIME)					
	B'TIME (TIME)					
	NOTES					

DAY	READING	BEFORE	AFTER	QA	BI	CP
WEDNESDAY	B'FAST (TIME)					
	LUNCH (TIME)					
	DINNER (TIME)					
	OTHER (TIME)					
	B'TIME (TIME)					
	NOTES					

DAY	READING	BEFORE	AFTER	QA	BI	CP
THURSDAY	B'FAST (TIME)					
	LUNCH (TIME)					
	DINNER (TIME)					
	OTHER (TIME)					
	B'TIME (TIME)					
	NOTES					

GLUCOSE LOG

WEEK COMMENCING

DAY	READING	BEFORE	AFTER	QA	BI	CP
FRIDAY	B'FAST (TIME)					
	LUNCH (TIME)					
	DINNER (TIME)					
	OTHER (TIME)					
	B'TIME (TIME)					
	NOTES					
SATURDAY	READING	BEFORE	AFTER	QA	BI	CP
	B'FAST (TIME)					
	LUNCH (TIME)					
	DINNER (TIME)					
	OTHER (TIME)					
	B'TIME (TIME)					
	NOTES					
SUNDAY	READING	BEFORE	AFTER	QA	BI	CP
	B'FAST (TIME)					
	LUNCH (TIME)					
	DINNER (TIME)					
	OTHER (TIME)					
	B'TIME (TIME)					
	NOTES					

NOTES

GLOCOSE LOG

WEEK COMMENCING

DAY	READING	BEFORE	AFTER	QA	BI	CP
MONDAY	B'FAST (TIME)					
	LUNCH (TIME)					
	DINNER (TIME)					
	OTHER (TIME)					
	B'TIME (TIME)					
	NOTES					
TUESDAY	READING	BEFORE	AFTER	QA	BI	CP
	B'FAST (TIME)					
	LUNCH (TIME)					
	DINNER (TIME)					
	OTHER (TIME)					
	B'TIME (TIME)					
	NOTES					
WEDNESDAY	READING	BEFORE	AFTER	QA	BI	CP
	B'FAST (TIME)					
	LUNCH (TIME)					
	DINNER (TIME)					
	OTHER (TIME)					
	B'TIME (TIME)					
	NOTES					
THURSDAY	READING	BEFORE	AFTER	QA	BI	CP
	B'FAST (TIME)					
	LUNCH (TIME)					
	DINNER (TIME)					
	OTHER (TIME)					
	B'TIME (TIME)					
	NOTES					

GLUCOSE LOG

WEEK COMMENCING

DAY	READING	BEFORE	AFTER	QA	BI	CP
FRIDAY	B'FAST (TIME)					
	LUNCH (TIME)					
	DINNER (TIME)					
	OTHER (TIME)					
	B'TIME (TIME)					
	NOTES					

DAY	READING	BEFORE	AFTER	QA	BI	CP
SATURDAY	B'FAST (TIME)					
	LUNCH (TIME)					
	DINNER (TIME)					
	OTHER (TIME)					
	B'TIME (TIME)					
	NOTES					

DAY	READING	BEFORE	AFTER	QA	BI	CP
SUNDAY	B'FAST (TIME)					
	LUNCH (TIME)					
	DINNER (TIME)					
	OTHER (TIME)					
	B'TIME (TIME)					
	NOTES					

NOTES

GLUCOSE LOG

WEEK COMMENCING

DAY	READING	BEFORE	AFTER	QA	BI	CP
MONDAY	B'FAST (TIME)					
	LUNCH (TIME)					
	DINNER (TIME)					
	OTHER (TIME)					
	B'TIME (TIME)					
	NOTES					
TUESDAY	READING	BEFORE	AFTER	QA	BI	CP
	B'FAST (TIME)					
	LUNCH (TIME)					
	DINNER (TIME)					
	OTHER (TIME)					
	B'TIME (TIME)					
	NOTES					
WEDNESDAY	READING	BEFORE	AFTER	QA	BI	CP
	B'FAST (TIME)					
	LUNCH (TIME)					
	DINNER (TIME)					
	OTHER (TIME)					
	B'TIME (TIME)					
	NOTES					
THURSDAY	READING	BEFORE	AFTER	QA	BI	CP
	B'FAST (TIME)					
	LUNCH (TIME)					
	DINNER (TIME)					
	OTHER (TIME)					
	B'TIME (TIME)					
	NOTES					

GLUCOSE LOG

WEEK COMMENCING

DAY	READING	BEFORE	AFTER	QA	BI	CP
FRIDAY	B'FAST (TIME)					
	LUNCH (TIME)					
	DINNER (TIME)					
	OTHER (TIME)					
	B'TIME (TIME)					
	NOTES					
SATURDAY	READING	BEFORE	AFTER	QA	BI	CP
	B'FAST (TIME)					
	LUNCH (TIME)					
	DINNER (TIME)					
	OTHER (TIME)					
	B'TIME (TIME)					
	NOTES					
SUNDAY	READING	BEFORE	AFTER	QA	BI	CP
	B'FAST (TIME)					
	LUNCH (TIME)					
	DINNER (TIME)					
	OTHER (TIME)					
	B'TIME (TIME)					
	NOTES					

NOTES

GLUCOSE LOG

WEEK COMMENCING

DAY	READING	BEFORE	AFTER	QA	BI	CP
MONDAY	B'FAST (TIME)					
	LUNCH (TIME)					
	DINNER (TIME)					
	OTHER (TIME)					
	B'TIME (TIME)					
	NOTES					
TUESDAY	READING	BEFORE	AFTER	QA	BI	CP
	B'FAST (TIME)					
	LUNCH (TIME)					
	DINNER (TIME)					
	OTHER (TIME)					
	B'TIME (TIME)					
	NOTES					
WEDNESDAY	READING	BEFORE	AFTER	QA	BI	CP
	B'FAST (TIME)					
	LUNCH (TIME)					
	DINNER (TIME)					
	OTHER (TIME)					
	B'TIME (TIME)					
	NOTES					
THURSDAY	READING	BEFORE	AFTER	QA	BI	CP
	B'FAST (TIME)					
	LUNCH (TIME)					
	DINNER (TIME)					
	OTHER (TIME)					
	B'TIME (TIME)					
	NOTES					

GLUCOSE LOG

WEEK COMMENCING

DAY	READING	BEFORE	AFTER	QA	BI	CP
FRIDAY	B'FAST (TIME)					
	LUNCH (TIME)					
	DINNER (TIME)					
	OTHER (TIME)					
	B'TIME (TIME)					
	NOTES					

DAY	READING	BEFORE	AFTER	QA	BI	CP
SATURDAY	B'FAST (TIME)					
	LUNCH (TIME)					
	DINNER (TIME)					
	OTHER (TIME)					
	B'TIME (TIME)					
	NOTES					

DAY	READING	BEFORE	AFTER	QA	BI	CP
SUNDAY	B'FAST (TIME)					
	LUNCH (TIME)					
	DINNER (TIME)					
	OTHER (TIME)					
	B'TIME (TIME)					
	NOTES					

NOTES

GLUCOSE LOG

WEEK COMMENCING

DAY	READING	BEFORE	AFTER	QA	BI	CP
MONDAY	B'FAST (TIME)					
	LUNCH (TIME)					
	DINNER (TIME)					
	OTHER (TIME)					
	B'TIME (TIME)					
	NOTES					
TUESDAY	READING	BEFORE	AFTER	QA	BI	CP
	B'FAST (TIME)					
	LUNCH (TIME)					
	DINNER (TIME)					
	OTHER (TIME)					
	B'TIME (TIME)					
	NOTES					
WEDNESDAY	READING	BEFORE	AFTER	QA	BI	CP
	B'FAST (TIME)					
	LUNCH (TIME)					
	DINNER (TIME)					
	OTHER (TIME)					
	B'TIME (TIME)					
	NOTES					
THURSDAY	READING	BEFORE	AFTER	QA	BI	CP
	B'FAST (TIME)					
	LUNCH (TIME)					
	DINNER (TIME)					
	OTHER (TIME)					
	B'TIME (TIME)					
	NOTES					

GLUCOSE LOG

WEEK COMMENCING

DAY	READING	BEFORE	AFTER	QA	BI	CP
FRIDAY	B'FAST (TIME)					
	LUNCH (TIME)					
	DINNER (TIME)					
	OTHER (TIME)					
	B'TIME (TIME)					
	NOTES					
SATURDAY	READING	BEFORE	AFTER	QA	BI	CP
	B'FAST (TIME)					
	LUNCH (TIME)					
	DINNER (TIME)					
	OTHER (TIME)					
	B'TIME (TIME)					
	NOTES					
SUNDAY	READING	BEFORE	AFTER	QA	BI	CP
	B'FAST (TIME)					
	LUNCH (TIME)					
	DINNER (TIME)					
	OTHER (TIME)					
	B'TIME (TIME)					
	NOTES					

NOTES

GLUCOSE LOG

WEEK COMMENCING

DAY	READING	BEFORE	AFTER	QA	BI	CP
MONDAY	B'FAST (TIME)					
	LUNCH (TIME)					
	DINNER (TIME)					
	OTHER (TIME)					
	B'TIME (TIME)					
	NOTES					
TUESDAY	READING	BEFORE	AFTER	QA	BI	CP
	B'FAST (TIME)					
	LUNCH (TIME)					
	DINNER (TIME)					
	OTHER (TIME)					
	B'TIME (TIME)					
	NOTES					
WEDNESDAY	READING	BEFORE	AFTER	QA	BI	CP
	B'FAST (TIME)					
	LUNCH (TIME)					
	DINNER (TIME)					
	OTHER (TIME)					
	B'TIME (TIME)					
	NOTES					
THURSDAY	READING	BEFORE	AFTER	QA	BI	CP
	B'FAST (TIME)					
	LUNCH (TIME)					
	DINNER (TIME)					
	OTHER (TIME)					
	B'TIME (TIME)					
	NOTES					

GLUCOSE LOG

WEEK COMMENCING

DAY	READING	BEFORE	AFTER	QA	BI	CP
FRIDAY	B'FAST (TIME)					
	LUNCH (TIME)					
	DINNER (TIME)					
	OTHER (TIME)					
	B'TIME (TIME)					
	NOTES					
	READING	BEFORE	AFTER	QA	BI	CP
SATURDAY	B'FAST (TIME)					
	LUNCH (TIME)					
	DINNER (TIME)					
	OTHER (TIME)					
	B'TIME (TIME)					
	NOTES					
	READING	BEFORE	AFTER	QA	BI	CP
SUNDAY	B'FAST (TIME)					
	LUNCH (TIME)					
	DINNER (TIME)					
	OTHER (TIME)					
	B'TIME (TIME)					
	NOTES					

NOTES

GLUCOSE LOG

WEEK COMMENCING

DAY	READING	BEFORE	AFTER	QA	BI	CP
MONDAY	B'FAST (TIME)					
	LUNCH (TIME)					
	DINNER (TIME)					
	OTHER (TIME)					
	B'TIME (TIME)					
	NOTES					

DAY	READING	BEFORE	AFTER	QA	BI	CP
TUESDAY	B'FAST (TIME)					
	LUNCH (TIME)					
	DINNER (TIME)					
	OTHER' (TIME)					
	B'TIME (TIME)					
	NOTES					

DAY	READING	BEFORE	AFTER	QA	BI	CP
WEDNESDAY	B'FAST (TIME)					
	LUNCH (TIME)					
	DINNER (TIME)					
	OTHER (TIME)					
	B'TIME (TIME)					
	NOTES					

DAY	READING	BEFORE	AFTER	QA	BI	CP
THURSDAY	B'FAST (TIME)					
	LUNCH (TIME)					
	DINNER (TIME)					
	OTHER (TIME)					
	B'TIME (TIME)					
	NOTES					

GLUCOSE LOG

WEEK COMMENCING

DAY	READING	BEFORE	AFTER	QA	BI	CP
FRIDAY	B'FAST (TIME)					
	LUNCH (TIME)					
	DINNER (TIME)					
	OTHER (TIME)					
	B'TIME (TIME)					
	NOTES					
SATURDAY	READING	BEFORE	AFTER	QA	BI	CP
	B'FAST (TIME)					
	LUNCH (TIME)					
	DINNER (TIME)					
	OTHER (TIME)					
	B'TIME (TIME)					
	NOTES					
SUNDAY	READING	BEFORE	AFTER	QA	BI	CP
	B'FAST (TIME)					
	LUNCH (TIME)					
	DINNER (TIME)					
	OTHER (TIME)					
	B'TIME (TIME)					
	NOTES					

NOTES

GLUCOSE LOG

WEEK COMMENCING

DAY	READING	BEFORE	AFTER	QA	BI	CP
MONDAY	B'FAST (TIME)					
	LUNCH (TIME)					
	DINNER (TIME)					
	OTHER (TIME)					
	B'TIME (TIME)					
	NOTES					
TUESDAY	READING	BEFORE	AFTER	QA	BI	CP
	B'FAST (TIME)					
	LUNCH (TIME)					
	DINNER (TIME)					
	OTHER (TIME)					
	B'TIME (TIME)					
	NOTES					
WEDNESDAY	READING	BEFORE	AFTER	QA	BI	CP
	B'FAST (TIME)					
	LUNCH (TIME)					
	DINNER (TIME)					
	OTHER (TIME)					
	B'TIME (TIME)					
	NOTES					
THURSDAY	READING	BEFORE	AFTER	QA	BI	CP
	B'FAST (TIME)					
	LUNCH (TIME)					
	DINNER (TIME)					
	OTHER (TIME)					
	B'TIME (TIME)					
	NOTES					

GLUCOSE LOG

WEEK COMMENCING

DAY	READING	BEFORE	AFTER	QA	BI	CP
FRIDAY	B'FAST (TIME)					
	LUNCH (TIME)					
	DINNER (TIME)					
	OTHER (TIME)					
	B'TIME (TIME)					
	NOTES					
SATURDAY	READING	BEFORE	AFTER	QA	BI	CP
	B'FAST (TIME)					
	LUNCH (TIME)					
	DINNER (TIME)					
	OTHER (TIME)					
	B'TIME (TIME)					
	NOTES					
SUNDAY	READING	BEFORE	AFTER	QA	BI	CP
	B'FAST (TIME)					
	LUNCH (TIME)					
	DINNER (TIME)					
	OTHER (TIME)					
	B'TIME (TIME)					
	NOTES					

NOTES

GLUCOSE LOG

WEEK COMMENCING

DAY	READING	BEFORE	AFTER	QA	BI	CP
MONDAY	B'FAST (TIME)					
	LUNCH (TIME)					
	DINNER (TIME)					
	OTHER (TIME)					
	B'TIME (TIME)					
	NOTES					
TUESDAY	READING	BEFORE	AFTER	QA	BI	CP
	B'FAST (TIME)					
	LUNCH (TIME)					
	DINNER (TIME)					
	OTHER (TIME)					
	B'TIME (TIME)					
	NOTES					
WEDNESDAY	READING	BEFORE	AFTER	QA	BI	CP
	B'FAST (TIME)					
	LUNCH (TIME)					
	DINNER (TIME)					
	OTHER (TIME)					
	B'TIME (TIME)					
	NOTES					
THURSDAY	READING	BEFORE	AFTER	QA	BI	CP
	B'FAST (TIME)					
	LUNCH (TIME)					
	DINNER (TIME)					
	OTHER (TIME)					
	B'TIME (TIME)					
	NOTES					

GLUCOSE LOG

WEEK COMMENCING

DAY	READING	BEFORE	AFTER	QA	BI	CP
FRIDAY	B'FAST (TIME)					
	LUNCH (TIME)					
	DINNER (TIME)					
	OTHER (TIME)					
	B'TIME (TIME)					
	NOTES					

DAY	READING	BEFORE	AFTER	QA	BI	CP
SATURDAY	B'FAST (TIME)					
	LUNCH (TIME)					
	DINNER (TIME)					
	OTHER (TIME)					
	B'TIME (TIME)					
	NOTES					

DAY	READING	BEFORE	AFTER	QA	BI	CP
SUNDAY	B'FAST (TIME)					
	LUNCH (TIME)					
	DINNER (TIME)					
	OTHER (TIME)					
	B'TIME (TIME)					
	NOTES					

NOTES

GLOSUCOSE LOG

WEEK COMMENCING

DAY	READING	BEFORE	AFTER	QA	BI	CP
MONDAY	B'FAST (TIME)					
	LUNCH (TIME)					
	DINNER (TIME)					
	OTHER (TIME)					
	B'TIME (TIME)					
	NOTES					
TUESDAY	READING	BEFORE	AFTER	QA	BI	CP
	B'FAST (TIME)					
	LUNCH (TIME)					
	DINNER (TIME)					
	OTHER (TIME)					
	B'TIME (TIME)					
	NOTES					
WEDNESDAY	READING	BEFORE	AFTER	QA	BI	CP
	B'FAST (TIME)					
	LUNCH (TIME)					
	DINNER (TIME)					
	OTHER (TIME)					
	B'TIME (TIME)					
	NOTES					
THURSDAY	READING	BEFORE	AFTER	QA	BI	CP
	B'FAST (TIME)					
	LUNCH (TIME)					
	DINNER (TIME)					
	OTHER (TIME)					
	B'TIME (TIME)					
	NOTES					

GLUCOSE LOG

WEEK COMMENCING

DAY	READING	BEFORE	AFTER	QA	BI	CP
FRIDAY	B'FAST (TIME)					
	LUNCH (TIME)					
	DINNER (TIME)					
	OTHER (TIME)					
	B'TIME (TIME)					
	NOTES					

DAY	READING	BEFORE	AFTER	QA	BI	CP
SATURDAY	B'FAST (TIME)					
	LUNCH (TIME)					
	DINNER (TIME)					
	OTHER (TIME)					
	B'TIME (TIME)					
	NOTES					

DAY	READING	BEFORE	AFTER	QA	BI	CP
SUNDAY	B'FAST (TIME)					
	LUNCH (TIME)					
	DINNER (TIME)					
	OTHER (TIME)					
	B'TIME (TIME)					
	NOTES					

NOTES

GLUCOSE LOG

WEEK COMMENCING

DAY	READING	BEFORE	AFTER	QA	BI	CP
MONDAY	B'FAST (TIME)					
	LUNCH (TIME)					
	DINNER (TIME)					
	OTHER (TIME)					
	B'TIME (TIME)					
	NOTES					
TUESDAY	READING	BEFORE	AFTER	QA	BI	CP
	B'FAST (TIME)					
	LUNCH (TIME)					
	DINNER (TIME)					
	OTHER (TIME)					
	B'TIME (TIME)					
	NOTES					
WEDNESDAY	READING	BEFORE	AFTER	QA	BI	CP
	B'FAST (TIME)					
	LUNCH (TIME)					
	DINNER (TIME)					
	OTHER (TIME)					
	B'TIME (TIME)					
	NOTES					
THURSDAY	READING	BEFORE	AFTER	QA	BI	CP
	B'FAST (TIME)					
	LUNCH (TIME)					
	DINNER (TIME)					
	OTHER (TIME)					
	B'TIME (TIME)					
	NOTES					

GLOUCOSE LOG

WEEK COMMENCING

DAY	READING	BEFORE	AFTER	QA	BI	CP
FRIDAY	B'FAST (TIME)					
	LUNCH (TIME)					
	DINNER (TIME)					
	OTHER (TIME)					
	B'TIME (TIME)					
	NOTES					
SATURDAY	READING	BEFORE	AFTER	QA	BI	CP
	B'FAST (TIME)					
	LUNCH (TIME)					
	DINNER (TIME)					
	OTHER (TIME)					
	B'TIME (TIME)					
	NOTES					
SUNDAY	READING	BEFORE	AFTER	QA	BI	CP
	B'FAST (TIME)					
	LUNCH (TIME)					
	DINNER (TIME)					
	OTHER (TIME)					
	B'TIME (TIME)					
	NOTES					

NOTES

GLUCOSE LOG

WEEK COMMENCING

DAY	READING	BEFORE	AFTER	QA	BI	CP
MONDAY	B'FAST (TIME)					
	LUNCH (TIME)					
	DINNER (TIME)					
	OTHER (TIME)					
	B'TIME (TIME)					
	NOTES					
TUESDAY	READING	BEFORE	AFTER	QA	BI	CP
	B'FAST (TIME)					
	LUNCH (TIME)					
	DINNER (TIME)					
	OTHER (TIME)					
	B'TIME (TIME)					
	NOTES					
WEDNESDAY	READING	BEFORE	AFTER	QA	BI	CP
	B'FAST (TIME)					
	LUNCH (TIME)					
	DINNER (TIME)					
	OTHER (TIME)					
	B'TIME (TIME)					
	NOTES					
THURSDAY	READING	BEFORE	AFTER	QA	BI	CP
	B'FAST (TIME)					
	LUNCH (TIME)					
	DINNER (TIME)					
	OTHER (TIME)					
	B'TIME (TIME)					
	NOTES					

GLUCOSE LOG

WEEK COMMENCING

DAY	READING	BEFORE	AFTER	QA	BI	CP
FRIDAY	B'FAST (TIME)					
	LUNCH (TIME)					
	DINNER (TIME)					
	OTHER (TIME)					
	B'TIME (TIME)					
	NOTES					
SATURDAY	READING	BEFORE	AFTER	QA	BI	CP
	B'FAST (TIME)					
	LUNCH (TIME)					
	DINNER (TIME)					
	OTHER (TIME)					
	B'TIME (TIME)					
	NOTES					
SUNDAY	READING	BEFORE	AFTER	QA	BI	CP
	B'FAST (TIME)					
	LUNCH (TIME)					
	DINNER (TIME)					
	OTHER (TIME)					
	B'TIME (TIME)					
	NOTES					

NOTES

GLUCOSE LOG

WEEK COMMENCING

DAY	READING	BEFORE	AFTER	QA	BI	CP
MONDAY	B'FAST (TIME)					
	LUNCH (TIME)					
	DINNER (TIME)					
	OTHER (TIME)					
	B'TIME (TIME)					
	NOTES					
TUESDAY	READING	BEFORE	AFTER	QA	BI	CP
	B'FAST (TIME)					
	LUNCH (TIME)					
	DINNER (TIME)					
	OTHER (TIME)					
	B'TIME (TIME)					
	NOTES					
WEDNESDAY	READING	BEFORE	AFTER	QA	BI	CP
	B'FAST (TIME)					
	LUNCH (TIME)					
	DINNER (TIME)					
	OTHER (TIME)					
	B'TIME (TIME)					
	NOTES					
THURSDAY	READING	BEFORE	AFTER	QA	BI	CP
	B'FAST (TIME)					
	LUNCH (TIME)					
	DINNER (TIME)					
	OTHER (TIME)					
	B'TIME (TIME)					
	NOTES					

GLUCOSE LOG

WEEK COMMENCING

DAY	READING	BEFORE	AFTER	QA	BI	CP
FRIDAY	B'FAST (TIME)					
	LUNCH (TIME)					
	DINNER (TIME)					
	OTHER (TIME)					
	B'TIME (TIME)					
	NOTES					
SATURDAY	READING	BEFORE	AFTER	QA	BI	CP
	B'FAST (TIME)					
	LUNCH (TIME)					
	DINNER (TIME)					
	OTHER (TIME)					
	B'TIME (TIME)					
	NOTES					
SUNDAY	READING	BEFORE	AFTER	QA	BI	CP
	B'FAST (TIME)					
	LUNCH (TIME)					
	DINNER (TIME)					
	OTHER (TIME)					
	B'TIME (TIME)					
	NOTES					

NOTES

GLUCOSE LOG

WEEK COMMENCING

DAY	READING	BEFORE	AFTER	QA	BI	CP
MONDAY	B'FAST (TIME)					
	LUNCH (TIME)					
	DINNER (TIME)					
	OTHER (TIME)					
	B'TIME (TIME)					
	NOTES					
TUESDAY	READING	BEFORE	AFTER	QA	BI	CP
	B'FAST (TIME)					
	LUNCH (TIME)					
	DINNER (TIME)					
	OTHER (TIME)					
	B'TIME (TIME)					
	NOTES					
WEDNESDAY	READING	BEFORE	AFTER	QA	BI	CP
	B'FAST (TIME)					
	LUNCH (TIME)					
	DINNER (TIME)					
	OTHER (TIME)					
	B'TIME (TIME)					
	NOTES					
THURSDAY	READING	BEFORE	AFTER	QA	BI	CP
	B'FAST (TIME)					
	LUNCH (TIME)					
	DINNER (TIME)					
	OTHER (TIME)					
	B'TIME (TIME)					
	NOTES					

GLUCOSE LOG

WEEK COMMENCING

DAY	READING	BEFORE	AFTER	QA	BI	CP
FRIDAY	B'FAST (TIME)					
	LUNCH (TIME)					
	DINNER (TIME)					
	OTHER (TIME)					
	B'TIME (TIME)					
	NOTES					

DAY	READING	BEFORE	AFTER	QA	BI	CP
SATURDAY	B'FAST (TIME)					
	LUNCH (TIME)					
	DINNER (TIME)					
	OTHER (TIME)					
	B'TIME (TIME)					
	NOTES					

DAY	READING	BEFORE	AFTER	QA	BI	CP
SUNDAY	B'FAST (TIME)					
	LUNCH (TIME)					
	DINNER (TIME)					
	OTHER (TIME)					
	B'TIME (TIME)					
	NOTES					

NOTES

GLUCOSE LOG

WEEK COMMENCING

DAY	READING	BEFORE	AFTER	QA	BI	CP
MONDAY	B'FAST (TIME)					
	LUNCH (TIME)					
	DINNER (TIME)					
	OTHER (TIME)					
	B'TIME (TIME)					
	NOTES					
TUESDAY	READING	BEFORE	AFTER	QA	BI	CP
	B'FAST (TIME)					
	LUNCH (TIME)					
	DINNER (TIME)					
	OTHER (TIME)					
	B'TIME (TIME)					
	NOTES					
WEDNESDAY	READING	BEFORE	AFTER	QA	BI	CP
	B'FAST (TIME)					
	LUNCH (TIME)					
	DINNER (TIME)					
	OTHER (TIME)					
	B'TIME (TIME)					
	NOTES					
THURSDAY	READING	BEFORE	AFTER	QA	BI	CP
	B'FAST (TIME)					
	LUNCH (TIME)					
	DINNER (TIME)					
	OTHER (TIME)					
	B'TIME (TIME)					
	NOTES					

GLUCOSE LOG

WEEK COMMENCING

DAY	READING	BEFORE	AFTER	QA	BI	CP
FRIDAY	B'FAST (TIME)					
	LUNCH (TIME)					
	DINNER (TIME)					
	OTHER (TIME)					
	B'TIME (TIME)					
	NOTES					
SATURDAY	READING	BEFORE	AFTER	QA	BI	CP
	B'FAST (TIME)					
	LUNCH (TIME)					
	DINNER (TIME)					
	OTHER (TIME)					
	B'TIME (TIME)					
	NOTES					
SUNDAY	READING	BEFORE	AFTER	QA	BI	CP
	B'FAST (TIME)					
	LUNCH (TIME)					
	DINNER (TIME)					
	OTHER (TIME)					
	B'TIME (TIME)					
	NOTES					

NOTES

GLUCOSE LOG

WEEK COMMENCING

DAY	READING	BEFORE	AFTER	QA	BI	CP
MONDAY	B'FAST (TIME)					
	LUNCH (TIME)					
	DINNER (TIME)					
	OTHER (TIME)					
	B'TIME (TIME)					
	NOTES					
TUESDAY	READING	BEFORE	AFTER	QA	BI	CP
	B'FAST (TIME)					
	LUNCH (TIME)					
	DINNER (TIME)					
	OTHER (TIME)					
	B'TIME (TIME)					
	NOTES					
WEDNESDAY	READING	BEFORE	AFTER	QA	BI	CP
	B'FAST (TIME)					
	LUNCH (TIME)					
	DINNER (TIME)					
	OTHER (TIME)					
	B'TIME (TIME)					
	NOTES					
THURSDAY	READING	BEFORE	AFTER	QA	BI	CP
	B'FAST (TIME)					
	LUNCH (TIME)					
	DINNER (TIME)					
	OTHER (TIME)					
	B'TIME (TIME)					
	NOTES					

GLUCOSE LOG

WEEK COMMENCING

DAY	READING	BEFORE	AFTER	QA	BI	CP
FRIDAY	B'FAST (TIME)					
	LUNCH (TIME)					
	DINNER (TIME)					
	OTHER (TIME)					
	B'TIME (TIME)					
	NOTES					
SATURDAY	READING	BEFORE	AFTER	QA	BI	CP
	B'FAST (TIME)					
	LUNCH (TIME)					
	DINNER (TIME)					
	OTHER (TIME)					
	B'TIME (TIME)					
	NOTES					
SUNDAY	READING	BEFORE	AFTER	QA	BI	CP
	B'FAST (TIME)					
	LUNCH (TIME)					
	DINNER (TIME)					
	OTHER (TIME)					
	B'TIME (TIME)					
	NOTES					

NOTES

GLUCOSE LOG

WEEK COMMENCING

DAY	READING	BEFORE	AFTER	QA	BI	CP
MONDAY	B'FAST (TIME)					
	LUNCH (TIME)					
	DINNER (TIME)					
	OTHER (TIME)					
	B'TIME (TIME)					
	NOTES					

DAY	READING	BEFORE	AFTER	QA	BI	CP
TUESDAY	B'FAST (TIME)					
	LUNCH (TIME)					
	DINNER (TIME)					
	OTHER (TIME)					
	B'TIME (TIME)					
	NOTES					

DAY	READING	BEFORE	AFTER	QA	BI	CP
WEDNESDAY	B'FAST (TIME)					
	LUNCH (TIME)					
	DINNER (TIME)					
	OTHER (TIME)					
	B'TIME (TIME)					
	NOTES					

DAY	READING	BEFORE	AFTER	QA	BI	CP
THURSDAY	B'FAST (TIME)					
	LUNCH (TIME)					
	DINNER (TIME)					
	OTHER (TIME)					
	B'TIME (TIME)					
	NOTES					

GLUCOSE LOG

WEEK COMMENCING

DAY	READING	BEFORE	AFTER	QA	BI	CP
FRIDAY	B'FAST (TIME)					
	LUNCH (TIME)					
	DINNER (TIME)					
	OTHER (TIME)					
	B'TIME (TIME)					
	NOTES					
SATURDAY	READING	BEFORE	AFTER	QA	BI	CP
	B'FAST (TIME)					
	LUNCH (TIME)					
	DINNER (TIME)					
	OTHER (TIME)					
	B'TIME (TIME)					
	NOTES					
SUNDAY	READING	BEFORE	AFTER	QA	BI	CP
	B'FAST (TIME)					
	LUNCH (TIME)					
	DINNER (TIME)					
	OTHER (TIME)					
	B'TIME (TIME)					
	NOTES					

NOTES

GLUCOSE LOG

WEEK COMMENCING

DAY	READING	BEFORE	AFTER	QA	BI	CP
MONDAY	B'FAST (TIME)					
	LUNCH (TIME)					
	DINNER (TIME)					
	OTHER (TIME)					
	B'TIME (TIME)					
	NOTES					
TUESDAY	READING	BEFORE	AFTER	QA	BI	CP
	B'FAST (TIME)					
	LUNCH (TIME)					
	DINNER (TIME)					
	OTHER (TIME)					
	B'TIME (TIME)					
	NOTES					
WEDNESDAY	READING	BEFORE	AFTER	QA	BI	CP
	B'FAST (TIME)					
	LUNCH (TIME)					
	DINNER (TIME)					
	OTHER (TIME)					
	B'TIME (TIME)					
	NOTES					
THURSDAY	READING	BEFORE	AFTER	QA	BI	CP
	B'FAST (TIME)					
	LUNCH (TIME)					
	DINNER (TIME)					
	OTHER (TIME)					
	B'TIME (TIME)					
	NOTES					

GLUCOSE LOG

WEEK COMMENCING

DAY	READING	BEFORE	AFTER	QA	BI	CP
FRIDAY	B'FAST (TIME)					
	LUNCH (TIME)					
	DINNER (TIME)					
	OTHER (TIME)					
	B'TIME (TIME)					
	NOTES					
SATURDAY	READING	BEFORE	AFTER	QA	BI	CP
	B'FAST (TIME)					
	LUNCH (TIME)					
	DINNER (TIME)					
	OTHER (TIME)					
	B'TIME (TIME)					
	NOTES					
SUNDAY	READING	BEFORE	AFTER	QA	BI	CP
	B'FAST (TIME)					
	LUNCH (TIME)					
	DINNER (TIME)					
	OTHER (TIME)					
	B'TIME (TIME)					
	NOTES					

NOTES

GLUCOSE LOG

WEEK COMMENCING

DAY	READING	BEFORE	AFTER	QA	BI	CP
MONDAY	B'FAST (TIME)					
	LUNCH (TIME)					
	DINNER (TIME)					
	OTHER (TIME)					
	B'TIME (TIME)					
	NOTES					
TUESDAY	READING	BEFORE	AFTER	QA	BI	CP
	B'FAST (TIME)					
	LUNCH (TIME)					
	DINNER (TIME)					
	OTHER (TIME)					
	B'TIME (TIME)					
	NOTES					
WEDNESDAY	READING	BEFORE	AFTER	QA	BI	CP
	B'FAST (TIME)					
	LUNCH (TIME)					
	DINNER (TIME)					
	OTHER (TIME)					
	B'TIME (TIME)					
	NOTES					
THURSDAY	READING	BEFORE	AFTER	QA	BI	CP
	B'FAST (TIME)					
	LUNCH (TIME)					
	DINNER (TIME)					
	OTHER (TIME)					
	B'TIME (TIME)					
	NOTES					

GLUCOSE LOG

WEEK COMMENCING

DAY	READING	BEFORE	AFTER	QA	BI	CP
FRIDAY	B'FAST (TIME)					
	LUNCH (TIME)					
	DINNER (TIME)					
	OTHER (TIME)					
	B'TIME (TIME)					
	NOTES					
SATURDAY	READING	BEFORE	AFTER	QA	BI	CP
	B'FAST (TIME)					
	LUNCH (TIME)					
	DINNER (TIME)					
	OTHER (TIME)					
	B'TIME (TIME)					
	NOTES					
SUNDAY	READING	BEFORE	AFTER	QA	BI	CP
	B'FAST (TIME)					
	LUNCH (TIME)					
	DINNER (TIME)					
	OTHER (TIME)					
	B'TIME (TIME)					
	NOTES					

NOTES

GLUCOSE LOG

WEEK COMMENCING

DAY	READING	BEFORE	AFTER	QA	BI	CP
MONDAY	B'FAST (TIME)					
	LUNCH (TIME)					
	DINNER (TIME)					
	OTHER (TIME)					
	B'TIME (TIME)					
	NOTES					
TUESDAY	READING	BEFORE	AFTER	QA	BI	CP
	B'FAST (TIME)					
	LUNCH (TIME)					
	DINNER (TIME)					
	OTHER (TIME)					
	B'TIME (TIME)					
	NOTES					
WEDNESDAY	READING	BEFORE	AFTER	QA	BI	CP
	B'FAST (TIME)					
	LUNCH (TIME)					
	DINNER (TIME)					
	OTHER (TIME)					
	B'TIME (TIME)					
	NOTES					
THURSDAY	READING	BEFORE	AFTER	QA	BI	CP
	B'FAST (TIME)					
	LUNCH (TIME)					
	DINNER (TIME)					
	OTHER (TIME)					
	B'TIME (TIME)					
	NOTES					

GLUCOSE LOG

WEEK COMMENCING

DAY	READING	BEFORE	AFTER	QA	BI	CP
FRIDAY	B'FAST (TIME)					
	LUNCH (TIME)					
	DINNER (TIME)					
	OTHER (TIME)					
	B'TIME (TIME)					
	NOTES					
SATURDAY	READING	BEFORE	AFTER	QA	BI	CP
	B'FAST (TIME)					
	LUNCH (TIME)					
	DINNER (TIME)					
	OTHER (TIME)					
	B'TIME (TIME)					
	NOTES					
SUNDAY	READING	BEFORE	AFTER	QA	BI	CP
	B'FAST (TIME)					
	LUNCH (TIME)					
	DINNER (TIME)					
	OTHER (TIME)					
	B'TIME (TIME)					
	NOTES					

NOTES

GLUCOSE LOG

WEEK COMMENCING

DAY	READING	BEFORE	AFTER	QA	BI	CP
MONDAY	B'FAST (TIME)					
	LUNCH (TIME)					
	DINNER (TIME)					
	OTHER (TIME)					
	B'TIME (TIME)					
	NOTES					
TUESDAY	READING	BEFORE	AFTER	QA	BI	CP
	B'FAST (TIME)					
	LUNCH (TIME)					
	DINNER (TIME)					
	OTHER (TIME)					
	B'TIME (TIME)					
	NOTES					
WEDNESDAY	READING	BEFORE	AFTER	QA	BI	CP
	B'FAST (TIME)					
	LUNCH (TIME)					
	DINNER (TIME)					
	OTHER (TIME)					
	B'TIME (TIME)					
	NOTES					
THURSDAY	READING	BEFORE	AFTER	QA	BI	CP
	B'FAST (TIME)					
	LUNCH (TIME)					
	DINNER (TIME)					
	OTHER (TIME)					
	B'TIME (TIME)					
	NOTES					

GLUCOSE LOG

WEEK COMMENCING

DAY	READING	BEFORE	AFTER	QA	BI	CP
FRIDAY	B'FAST (TIME)					
	LUNCH (TIME)					
	DINNER (TIME)					
	OTHER (TIME)					
	B'TIME (TIME)					
	NOTES					

DAY	READING	BEFORE	AFTER	QA	BI	CP
SATURDAY	B'FAST (TIME)					
	LUNCH (TIME)					
	DINNER (TIME)					
	OTHER (TIME)					
	B'TIME (TIME)					
	NOTES					

DAY	READING	BEFORE	AFTER	QA	BI	CP
SUNDAY	B'FAST (TIME)					
	LUNCH (TIME)					
	DINNER (TIME)					
	OTHER (TIME)					
	B'TIME (TIME)					
	NOTES					

NOTES

GLUCOSE LOG

WEEK COMMENCING

DAY	READING	BEFORE	AFTER	QA	BI	CP
MONDAY	B'FAST (TIME)					
	LUNCH (TIME)					
	DINNER (TIME)					
	OTHER (TIME)					
	B'TIME (TIME)					
	NOTES					

DAY	READING	BEFORE	AFTER	QA	BI	CP
TUESDAY	B'FAST (TIME)					
	LUNCH (TIME)					
	DINNER (TIME)					
	OTHER (TIME)					
	B'TIME (TIME)					
	NOTES					

DAY	READING	BEFORE	AFTER	QA	BI	CP
WEDNESDAY	B'FAST (TIME)					
	LUNCH (TIME)					
	DINNER (TIME)					
	OTHER (TIME)					
	B'TIME (TIME)					
	NOTES					

DAY	READING	BEFORE	AFTER	QA	BI	CP
THURSDAY	B'FAST (TIME)					
	LUNCH (TIME)					
	DINNER (TIME)					
	OTHER (TIME)					
	B'TIME (TIME)					
	NOTES					

GLUCOSE LOG

WEEK COMMENCING

DAY	READING	BEFORE	AFTER	QA	BI	CP
FRIDAY	B'FAST (TIME)					
	LUNCH (TIME)					
	DINNER (TIME)					
	OTHER (TIME)					
	B'TIME (TIME)					
	NOTES					

DAY	READING	BEFORE	AFTER	QA	BI	CP
SATURDAY	B'FAST (TIME)					
	LUNCH (TIME)					
	DINNER (TIME)					
	OTHER (TIME)					
	B'TIME (TIME)					
	NOTES					

DAY	READING	BEFORE	AFTER	QA	BI	CP
SUNDAY	B'FAST (TIME)					
	LUNCH (TIME)					
	DINNER (TIME)					
	OTHER (TIME)					
	B'TIME (TIME)					
	NOTES					

NOTES

GLUCOSE LOG

WEEK COMMENCING

DAY	READING	BEFORE	AFTER	QA	BI	CP
MONDAY	B'FAST (TIME)					
	LUNCH (TIME)					
	DINNER (TIME)					
	OTHER (TIME)					
	B'TIME (TIME)					
	NOTES					
TUESDAY	READING	BEFORE	AFTER	QA	BI	CP
	B'FAST (TIME)					
	LUNCH (TIME)					
	DINNER (TIME)					
	OTHER (TIME)					
	B'TIME (TIME)					
	NOTES					
WEDNESDAY	READING	BEFORE	AFTER	QA	BI	CP
	B'FAST (TIME)					
	LUNCH (TIME)					
	DINNER (TIME)					
	OTHER (TIME)					
	B'TIME (TIME)					
	NOTES					
THURSDAY	READING	BEFORE	AFTER	QA	BI	CP
	B'FAST (TIME)					
	LUNCH (TIME)					
	DINNER (TIME)					
	OTHER (TIME)					
	B'TIME (TIME)					
	NOTES					

GLUCOSE LOG

WEEK COMMENCING

DAY	READING	BEFORE	AFTER	QA	BI	CP
FRIDAY	B'FAST (TIME)					
	LUNCH (TIME)					
	DINNER (TIME)					
	OTHER (TIME)					
	B'TIME (TIME)					
	NOTES					
SATURDAY	**READING**	**BEFORE**	**AFTER**	**QA**	**BI**	**CP**
	B'FAST (TIME)					
	LUNCH (TIME)					
	DINNER (TIME)					
	OTHER (TIME)					
	B'TIME (TIME)					
	NOTES					
SUNDAY	**READING**	**BEFORE**	**AFTER**	**QA**	**BI**	**CP**
	B'FAST (TIME)					
	LUNCH (TIME)					
	DINNER (TIME)					
	OTHER (TIME)					
	B'TIME (TIME)					
	NOTES					

NOTES

GLOSUCE LOG

WEEK COMMENCING

DAY	READING	BEFORE	AFTER	QA	BI	CP
MONDAY	B'FAST (TIME)					
	LUNCH (TIME)					
	DINNER (TIME)					
	OTHER (TIME)					
	B'TIME (TIME)					
	NOTES					
TUESDAY	READING	BEFORE	AFTER	QA	BI	CP
	B'FAST (TIME)					
	LUNCH (TIME)					
	DINNER (TIME)					
	OTHER (TIME)					
	B'TIME (TIME)					
	NOTES					
WEDNESDAY	READING	BEFORE	AFTER	QA	BI	CP
	B'FAST (TIME)					
	LUNCH (TIME)					
	DINNER (TIME)					
	OTHER (TIME)					
	B'TIME (TIME)					
	NOTES					
THURSDAY	READING	BEFORE	AFTER	QA	BI	CP
	B'FAST (TIME)					
	LUNCH (TIME)					
	DINNER (TIME)					
	OTHER (TIME)					
	B'TIME (TIME)					
	NOTES					

GLOSUCE LOG

WEEK COMMENCING

DAY	READING	BEFORE	AFTER	QA	BI	CP
FRIDAY	B'FAST (TIME)					
	LUNCH (TIME)					
	DINNER (TIME)					
	OTHER (TIME)					
	B'TIME (TIME)					
	NOTES					
SATURDAY	READING	BEFORE	AFTER	QA	BI	CP
	B'FAST (TIME)					
	LUNCH (TIME)					
	DINNER (TIME)					
	OTHER (TIME)					
	B'TIME (TIME)					
	NOTES					
SUNDAY	READING	BEFORE	AFTER	QA	BI	CP
	B'FAST (TIME)					
	LUNCH (TIME)					
	DINNER (TIME)					
	OTHER (TIME)					
	B'TIME (TIME)					
	NOTES					

NOTES

GLUCOSE LOG

WEEK COMMENCING

DAY	READING	BEFORE	AFTER	QA	BI	CP
MONDAY	B'FAST (TIME)					
	LUNCH (TIME)					
	DINNER (TIME)					
	OTHER (TIME)					
	B'TIME (TIME)					
	NOTES					
TUESDAY	READING	BEFORE	AFTER	QA	BI	CP
	B'FAST (TIME)					
	LUNCH (TIME)					
	DINNER (TIME)					
	OTHER (TIME)					
	B'TIME (TIME)					
	NOTES					
WEDNESDAY	READING	BEFORE	AFTER	QA	BI	CP
	B'FAST (TIME)					
	LUNCH (TIME)					
	DINNER (TIME)					
	OTHER (TIME)					
	B'TIME (TIME)					
	NOTES					
THURSDAY	READING	BEFORE	AFTER	QA	BI	CP
	B'FAST (TIME)					
	LUNCH (TIME)					
	DINNER (TIME)					
	OTHER (TIME)					
	B'TIME (TIME)					
	NOTES					

GLUCOSE LOG

WEEK COMMENCING

DAY	READING	BEFORE	AFTER	QA	BI	CP
FRIDAY	B'FAST (TIME)					
	LUNCH (TIME)					
	DINNER (TIME)					
	OTHER (TIME)					
	B'TIME (TIME)					
	NOTES					
SATURDAY	READING	BEFORE	AFTER	QA	BI	CP
	B'FAST (TIME)					
	LUNCH (TIME)					
	DINNER (TIME)					
	OTHER (TIME)					
	B'TIME (TIME)					
	NOTES					
SUNDAY	READING	BEFORE	AFTER	QA	BI	CP
	B'FAST (TIME)					
	LUNCH (TIME)					
	DINNER (TIME)					
	OTHER (TIME)					
	B'TIME (TIME)					
	NOTES					

NOTES

GLUCOSE LOG

WEEK COMMENCING

DAY	READING	BEFORE	AFTER	QA	BI	CP
MONDAY	B'FAST (TIME)					
	LUNCH (TIME)					
	DINNER (TIME)					
	OTHER (TIME)					
	B'TIME (TIME)					
	NOTES					
TUESDAY	READING	BEFORE	AFTER	QA	BI	CP
	B'FAST (TIME)					
	LUNCH (TIME)					
	DINNER (TIME)					
	OTHER (TIME)					
	B'TIME (TIME)					
	NOTES					
WEDNESDAY	READING	BEFORE	AFTER	QA	BI	CP
	B'FAST (TIME)					
	LUNCH (TIME)					
	DINNER (TIME)					
	OTHER (TIME)					
	B'TIME (TIME)					
	NOTES					
THURSDAY	READING	BEFORE	AFTER	QA	BI	CP
	B'FAST (TIME)					
	LUNCH (TIME)					
	DINNER (TIME)					
	OTHER (TIME)					
	B'TIME (TIME)					
	NOTES					

GLUCOSE LOG

WEEK COMMENCING

DAY	READING	BEFORE	AFTER	QA	BI	CP
FRIDAY	B'FAST (TIME)					
	LUNCH (TIME)					
	DINNER (TIME)					
	OTHER (TIME)					
	B'TIME (TIME)					
	NOTES					
SATURDAY	READING	BEFORE	AFTER	QA	BI	CP
	B'FAST (TIME)					
	LUNCH (TIME)					
	DINNER (TIME)					
	OTHER (TIME)					
	B'TIME (TIME)					
	NOTES					
SUNDAY	READING	BEFORE	AFTER	QA	BI	CP
	B'FAST (TIME)					
	LUNCH (TIME)					
	DINNER (TIME)					
	OTHER (TIME)					
	B'TIME (TIME)					
	NOTES					

NOTES

GLUCOSE LOG

WEEK COMMENCING

DAY	READING	BEFORE	AFTER	QA	BI	CP
MONDAY	B'FAST (TIME)					
	LUNCH (TIME)					
	DINNER (TIME)					
	OTHER (TIME)					
	B'TIME (TIME)					
	NOTES					
TUESDAY	READING	BEFORE	AFTER	QA	BI	CP
	B'FAST (TIME)					
	LUNCH (TIME)					
	DINNER (TIME)					
	OTHER (TIME)					
	B'TIME (TIME)					
	NOTES					
WEDNESDAY	READING	BEFORE	AFTER	QA	BI	CP
	B'FAST (TIME)					
	LUNCH (TIME)					
	DINNER (TIME)					
	OTHER (TIME)					
	B'TIME (TIME)					
	NOTES					
THURSDAY	READING	BEFORE	AFTER	QA	BI	CP
	B'FAST (TIME)					
	LUNCH (TIME)					
	DINNER (TIME)					
	OTHER (TIME)					
	B'TIME (TIME)					
	NOTES					

GLUCOSE LOG

WEEK COMMENCING

DAY	READING	BEFORE	AFTER	QA	BI	CP
FRIDAY	B'FAST (TIME)					
	LUNCH (TIME)					
	DINNER (TIME)					
	OTHER (TIME)					
	B'TIME (TIME)					
	NOTES					
SATURDAY	READING	BEFORE	AFTER	QA	BI	CP
	B'FAST (TIME)					
	LUNCH (TIME)					
	DINNER (TIME)					
	OTHER (TIME)					
	B'TIME (TIME)					
	NOTES					
SUNDAY	READING	BEFORE	AFTER	QA	BI	CP
	B'FAST (TIME)					
	LUNCH (TIME)					
	DINNER (TIME)					
	OTHER (TIME)					
	B'TIME (TIME)					
	NOTES					

NOTES

GLUCOSE LOG

WEEK COMMENCING

DAY	READING	BEFORE	AFTER	QA	BI	CP
MONDAY	B'FAST (TIME)					
	LUNCH (TIME)					
	DINNER (TIME)					
	OTHER (TIME)					
	B'TIME (TIME)					
	NOTES					
TUESDAY	READING	BEFORE	AFTER	QA	BI	CP
	B'FAST (TIME)					
	LUNCH (TIME)					
	DINNER (TIME)					
	OTHER (TIME)					
	B'TIME (TIME)					
	NOTES					
WEDNESDAY	READING	BEFORE	AFTER	QA	BI	CP
	B'FAST (TIME)					
	LUNCH (TIME)					
	DINNER (TIME)					
	OTHER (TIME)					
	B'TIME (TIME)					
	NOTES					
THURSDAY	READING	BEFORE	AFTER	QA	BI	CP
	B'FAST (TIME)					
	LUNCH (TIME)					
	DINNER (TIME)					
	OTHER (TIME)					
	B'TIME (TIME)					
	NOTES					

GLUCOSE LOG

WEEK COMMENCING

DAY	READING	BEFORE	AFTER	QA	BI	CP
FRIDAY	B'FAST (TIME)					
	LUNCH (TIME)					
	DINNER (TIME)					
	OTHER (TIME)					
	B'TIME (TIME)					
	NOTES					
SATURDAY	READING	BEFORE	AFTER	QA	BI	CP
	B'FAST (TIME)					
	LUNCH (TIME)					
	DINNER (TIME)					
	OTHER (TIME)					
	B'TIME (TIME)					
	NOTES					
SUNDAY	READING	BEFORE	AFTER	QA	BI	CP
	B'FAST (TIME)					
	LUNCH (TIME)					
	DINNER (TIME)					
	OTHER (TIME)					
	B'TIME (TIME)					
	NOTES					

NOTES

GLUCOSE LOG

WEEK COMMENCING

DAY	READING	BEFORE	AFTER	QA	BI	CP
MONDAY	B'FAST (TIME)					
	LUNCH (TIME)					
	DINNER (TIME)					
	OTHER (TIME)					
	B'TIME (TIME)					
	NOTES					

DAY	READING	BEFORE	AFTER	QA	BI	CP
TUESDAY	B'FAST (TIME)					
	LUNCH (TIME)					
	DINNER (TIME)					
	OTHER (TIME)					
	B'TIME (TIME)					
	NOTES					

DAY	READING	BEFORE	AFTER	QA	BI	CP
WEDNESDAY	B'FAST (TIME)					
	LUNCH (TIME)					
	DINNER (TIME)					
	OTHER (TIME)					
	B'TIME (TIME)					
	NOTES					

DAY	READING	BEFORE	AFTER	QA	BI	CP
THURSDAY	B'FAST (TIME)					
	LUNCH (TIME)					
	DINNER (TIME)					
	OTHER (TIME)					
	B'TIME (TIME)					
	NOTES					

GLUCOSE LOG

WEEK COMMENCING

DAY	READING	BEFORE	AFTER	QA	BI	CP
FRIDAY	B'FAST (TIME)					
	LUNCH (TIME)					
	DINNER (TIME)					
	OTHER (TIME)					
	B'TIME (TIME)					
	NOTES					
SATURDAY	READING	BEFORE	AFTER	QA	BI	CP
	B'FAST (TIME)					
	LUNCH (TIME)					
	DINNER (TIME)					
	OTHER (TIME)					
	B'TIME (TIME)					
	NOTES					
SUNDAY	READING	BEFORE	AFTER	QA	BI	CP
	B'FAST (TIME)					
	LUNCH (TIME)					
	DINNER (TIME)					
	OTHER (TIME)					
	B'TIME (TIME)					
	NOTES					

NOTES

GLUCOSE LOG

WEEK COMMENCING

DAY	READING	BEFORE	AFTER	QA	BI	CP
MONDAY	B'FAST (TIME)					
	LUNCH (TIME)					
	DINNER (TIME)					
	OTHER (TIME)					
	B'TIME (TIME)					
	NOTES					

TUESDAY	READING	BEFORE	AFTER	QA	BI	CP
	B'FAST (TIME)					
	LUNCH (TIME)					
	DINNER (TIME)					
	OTHER (TIME)					
	B'TIME (TIME)					
	NOTES					

WEDNESDAY	READING	BEFORE	AFTER	QA	BI	CP
	B'FAST (TIME)					
	LUNCH (TIME)					
	DINNER (TIME)					
	OTHER (TIME)					
	B'TIME (TIME)					
	NOTES					

THURSDAY	READING	BEFORE	AFTER	QA	BI	CP
	B'FAST (TIME)					
	LUNCH (TIME)					
	DINNER (TIME)					
	OTHER (TIME)					
	B'TIME (TIME)					
	NOTES					

GLUCOSE LOG

WEEK COMMENCING

DAY	READING	BEFORE	AFTER	QA	BI	CP
FRIDAY	B'FAST (TIME)					
	LUNCH (TIME)					
	DINNER (TIME)					
	OTHER (TIME)					
	B'TIME (TIME)					
	NOTES					
SATURDAY	READING	BEFORE	AFTER	QA	BI	CP
	B'FAST (TIME)					
	LUNCH (TIME)					
	DINNER (TIME)					
	OTHER (TIME)					
	B'TIME (TIME)					
	NOTES					
SUNDAY	READING	BEFORE	AFTER	QA	BI	CP
	B'FAST (TIME)					
	LUNCH (TIME)					
	DINNER (TIME)					
	OTHER (TIME)					
	B'TIME (TIME)					
	NOTES					

NOTES

GLUCOSE LOG

WEEK COMMENCING

DAY	READING	BEFORE	AFTER	QA	BI	CP
MONDAY	B'FAST (TIME)					
	LUNCH (TIME)					
	DINNER (TIME)					
	OTHER (TIME)					
	B'TIME (TIME)					
	NOTES					
TUESDAY	READING	BEFORE	AFTER	QA	BI	CP
	B'FAST (TIME)					
	LUNCH (TIME)					
	DINNER (TIME)					
	OTHER (TIME)					
	B'TIME (TIME)					
	NOTES					
WEDNESDAY	READING	BEFORE	AFTER	QA	BI	CP
	B'FAST (TIME)					
	LUNCH (TIME)					
	DINNER (TIME)					
	OTHER (TIME)					
	B'TIME (TIME)					
	NOTES					
THURSDAY	READING	BEFORE	AFTER	QA	BI	CP
	B'FAST (TIME)					
	LUNCH (TIME)					
	DINNER (TIME)					
	OTHER (TIME)					
	B'TIME (TIME)					
	NOTES					

GLUCOSE LOG

WEEK COMMENCING

DAY	READING	BEFORE	AFTER	QA	BI	CP
FRIDAY	B'FAST (TIME)					
	LUNCH (TIME)					
	DINNER (TIME)					
	OTHER (TIME)					
	B'TIME (TIME)					
	NOTES					
SATURDAY	READING	BEFORE	AFTER	QA	BI	CP
	B'FAST (TIME)					
	LUNCH (TIME)					
	DINNER (TIME)					
	OTHER (TIME)					
	B'TIME (TIME)					
	NOTES					
SUNDAY	READING	BEFORE	AFTER	QA	BI	CP
	B'FAST (TIME)					
	LUNCH (TIME)					
	DINNER (TIME)					
	OTHER (TIME)					
	B'TIME (TIME)					
	NOTES					

NOTES

GLUCOSE LOG

WEEK COMMENCING

DAY	READING	BEFORE	AFTER	QA	BI	CP
MONDAY	B'FAST (TIME)					
	LUNCH (TIME)					
	DINNER (TIME)					
	OTHER (TIME)					
	B'TIME (TIME)					
	NOTES					
TUESDAY	READING	BEFORE	AFTER	QA	BI	CP
	B'FAST (TIME)					
	LUNCH (TIME)					
	DINNER (TIME)					
	OTHER (TIME)					
	B'TIME (TIME)					
	NOTES					
WEDNESDAY	READING	BEFORE	AFTER	QA	BI	CP
	B'FAST (TIME)					
	LUNCH (TIME)					
	DINNER (TIME)					
	OTHER (TIME)					
	B'TIME (TIME)					
	NOTES					
THURSDAY	READING	BEFORE	AFTER	QA	BI	CP
	B'FAST (TIME)					
	LUNCH (TIME)					
	DINNER (TIME)					
	OTHER (TIME)					
	B'TIME (TIME)					
	NOTES					

GLUCOSE LOG

WEEK COMMENCING

DAY	READING	BEFORE	AFTER	QA	BI	CP
FRIDAY	B'FAST (TIME)					
	LUNCH (TIME)					
	DINNER (TIME)					
	OTHER (TIME)					
	B'TIME (TIME)					
	NOTES					
SATURDAY	READING	BEFORE	AFTER	QA	BI	CP
	B'FAST (TIME)					
	LUNCH (TIME)					
	DINNER (TIME)					
	OTHER (TIME)					
	B'TIME (TIME)					
	NOTES					
SUNDAY	READING	BEFORE	AFTER	QA	BI	CP
	B'FAST (TIME)					
	LUNCH (TIME)					
	DINNER (TIME)					
	OTHER (TIME)					
	B'TIME (TIME)					
	NOTES					

NOTES

GLUCOSE LOG

WEEK COMMENCING

DAY	READING	BEFORE	AFTER	QA	BI	CP
MONDAY	B'FAST (TIME)					
	LUNCH (TIME)					
	DINNER (TIME)					
	OTHER (TIME)					
	B'TIME (TIME)					
	NOTES					
TUESDAY	READING	BEFORE	AFTER	QA	BI	CP
	B'FAST (TIME)					
	LUNCH (TIME)					
	DINNER (TIME)					
	OTHER (TIME)					
	B'TIME (TIME)					
	NOTES					
WEDNESDAY	READING	BEFORE	AFTER	QA	BI	CP
	B'FAST (TIME)					
	LUNCH (TIME)					
	DINNER (TIME)					
	OTHER (TIME)					
	B'TIME (TIME)					
	NOTES					
THURSDAY	READING	BEFORE	AFTER	QA	BI	CP
	B'FAST (TIME)					
	LUNCH (TIME)					
	DINNER (TIME)					
	OTHER (TIME)					
	B'TIME (TIME)					
	NOTES					

GLUCOSE LOG

WEEK COMMENCING

DAY	READING	BEFORE	AFTER	QA	BI	CP
FRIDAY	B'FAST (TIME)					
	LUNCH (TIME)					
	DINNER (TIME)					
	OTHER (TIME)					
	B'TIME (TIME)					
	NOTES					

DAY	READING	BEFORE	AFTER	QA	BI	CP
SATURDAY	B'FAST (TIME)					
	LUNCH (TIME)					
	DINNER (TIME)					
	OTHER (TIME)					
	B'TIME (TIME)					
	NOTES					

DAY	READING	BEFORE	AFTER	QA	BI	CP
SUNDAY	B'FAST (TIME)					
	LUNCH (TIME)					
	DINNER (TIME)					
	OTHER (TIME)					
	B'TIME (TIME)					
	NOTES					

NOTES

GLUCOSE LOG

WEEK COMMENCING

DAY	READING	BEFORE	AFTER	QA	BI	CP
MONDAY	B'FAST (TIME)					
	LUNCH (TIME)					
	DINNER (TIME)					
	OTHER (TIME)					
	B'TIME (TIME)					
	NOTES					

DAY	READING	BEFORE	AFTER	QA	BI	CP
TUESDAY	B'FAST (TIME)					
	LUNCH (TIME)					
	DINNER (TIME)					
	OTHER (TIME)					
	B'TIME (TIME)					
	NOTES					

DAY	READING	BEFORE	AFTER	QA	BI	CP
WEDNESDAY	B'FAST (TIME)					
	LUNCH (TIME)					
	DINNER (TIME)					
	OTHER (TIME)					
	B'TIME (TIME)					
	NOTES					

DAY	READING	BEFORE	AFTER	QA	BI	CP
THURSDAY	B'FAST (TIME)					
	LUNCH (TIME)					
	DINNER (TIME)					
	OTHER (TIME)					
	B'TIME (TIME)					
	NOTES					

GLUCOSE LOG

WEEK COMMENCING

DAY	READING	BEFORE	AFTER	QA	BI	CP
FRIDAY	B'FAST (TIME)					
	LUNCH (TIME)					
	DINNER (TIME)					
	OTHER (TIME)					
	B'TIME (TIME)					
	NOTES					

DAY	READING	BEFORE	AFTER	QA	BI	CP
SATURDAY	B'FAST (TIME)					
	LUNCH (TIME)					
	DINNER (TIME)					
	OTHER (TIME)					
	B'TIME (TIME)					
	NOTES					

DAY	READING	BEFORE	AFTER	QA	BI	CP
SUNDAY	B'FAST (TIME)					
	LUNCH (TIME)					
	DINNER (TIME)					
	OTHER (TIME)					
	B'TIME (TIME)					
	NOTES					

NOTES

GLUCOSE LOG

WEEK COMMENCING

DAY	READING	BEFORE	AFTER	QA	BI	CP
MONDAY	B'FAST (TIME)					
	LUNCH (TIME)					
	DINNER (TIME)					
	OTHER (TIME)					
	B'TIME (TIME)					
	NOTES					
TUESDAY	READING	BEFORE	AFTER	QA	BI	CP
	B'FAST (TIME)					
	LUNCH (TIME)					
	DINNER (TIME)					
	OTHER (TIME)					
	B'TIME (TIME)					
	NOTES					
WEDNESDAY	READING	BEFORE	AFTER	QA	BI	CP
	B'FAST (TIME)					
	LUNCH (TIME)					
	DINNER (TIME)					
	OTHER (TIME)					
	B'TIME (TIME)					
	NOTES					
THURSDAY	READING	BEFORE	AFTER	QA	BI	CP
	B'FAST (TIME)					
	LUNCH (TIME)					
	DINNER (TIME)					
	OTHER (TIME)					
	B'TIME (TIME)					
	NOTES					

GLUCOSE LOG

WEEK COMMENCING

DAY	READING	BEFORE	AFTER	QA	BI	CP
FRIDAY	B'FAST (TIME)					
	LUNCH (TIME)					
	DINNER (TIME)					
	OTHER (TIME)					
	B'TIME (TIME)					
	NOTES					
SATURDAY	READING	BEFORE	AFTER	QA	BI	CP
	B'FAST (TIME)					
	LUNCH (TIME)					
	DINNER (TIME)					
	OTHER (TIME)					
	B'TIME (TIME)					
	NOTES					
SUNDAY	READING	BEFORE	AFTER	QA	BI	CP
	B'FAST (TIME)					
	LUNCH (TIME)					
	DINNER (TIME)					
	OTHER (TIME)					
	B'TIME (TIME)					
	NOTES					

NOTES

GLUCOSE LOG

WEEK COMMENCING

DAY	READING	BEFORE	AFTER	QA	BI	CP
MONDAY	B'FAST (TIME)					
	LUNCH (TIME)					
	DINNER (TIME)					
	OTHER (TIME)					
	B'TIME (TIME)					
	NOTES					
TUESDAY	READING	BEFORE	AFTER	QA	BI	CP
	B'FAST (TIME)					
	LUNCH (TIME)					
	DINNER (TIME)					
	OTHER (TIME)					
	B'TIME (TIME)					
	NOTES					
WEDNESDAY	READING	BEFORE	AFTER	QA	BI	CP
	B'FAST (TIME)					
	LUNCH (TIME)					
	DINNER (TIME)					
	OTHER (TIME)					
	B'TIME (TIME)					
	NOTES					
THURSDAY	READING	BEFORE	AFTER	QA	BI	CP
	B'FAST (TIME)					
	LUNCH (TIME)					
	DINNER (TIME)					
	OTHER (TIME)					
	B'TIME (TIME)					
	NOTES					

GLUCOSE LOG

WEEK COMMENCING

DAY	READING	BEFORE	AFTER	QA	BI	CP
FRIDAY	B'FAST (TIME)					
	LUNCH (TIME)					
	DINNER (TIME)					
	OTHER (TIME)					
	B'TIME (TIME)					
	NOTES					
SATURDAY	READING	BEFORE	AFTER	QA	BI	CP
	B'FAST (TIME)					
	LUNCH (TIME)					
	DINNER (TIME)					
	OTHER (TIME)					
	B'TIME (TIME)					
	NOTES					
SUNDAY	READING	BEFORE	AFTER	QA	BI	CP
	B'FAST (TIME)					
	LUNCH (TIME)					
	DINNER (TIME)					
	OTHER (TIME)					
	B'TIME (TIME)					
	NOTES					

NOTES

GLUCOSE LOG

WEEK COMMENCING

DAY	READING	BEFORE	AFTER	QA	BI	CP
MONDAY	B'FAST (TIME)					
	LUNCH (TIME)					
	DINNER (TIME)					
	OTHER (TIME)					
	B'TIME (TIME)					
	NOTES					
TUESDAY	READING	BEFORE	AFTER	QA	BI	CP
	B'FAST (TIME)					
	LUNCH (TIME)					
	DINNER (TIME)					
	OTHER (TIME)					
	B'TIME (TIME)					
	NOTES					
WEDNESDAY	READING	BEFORE	AFTER	QA	BI	CP
	B'FAST (TIME)					
	LUNCH (TIME)					
	DINNER (TIME)					
	OTHER (TIME)					
	B'TIME (TIME)					
	NOTES					
THURSDAY	READING	BEFORE	AFTER	QA	BI	CP
	B'FAST (TIME)					
	LUNCH (TIME)					
	DINNER (TIME)					
	OTHER (TIME)					
	B'TIME (TIME)					
	NOTES					

GLOSUCE LOG

WEEK COMMENCING

DAY	READING	BEFORE	AFTER	QA	BI	CP
FRIDAY	B'FAST (TIME)					
	LUNCH (TIME)					
	DINNER (TIME)					
	OTHER (TIME)					
	B'TIME (TIME)					
	NOTES					

SATURDAY	READING	BEFORE	AFTER	QA	BI	CP
	B'FAST (TIME)					
	LUNCH (TIME)					
	DINNER (TIME)					
	OTHER (TIME)					
	B'TIME (TIME)					
	NOTES					

SUNDAY	READING	BEFORE	AFTER	QA	BI	CP
	B'FAST (TIME)					
	LUNCH (TIME)					
	DINNER (TIME)					
	OTHER (TIME)					
	B'TIME (TIME)					
	NOTES					

NOTES

GLUCOSE LOG

WEEK COMMENCING

DAY	READING	BEFORE	AFTER	QA	BI	CP
MONDAY	B'FAST (TIME)					
	LUNCH (TIME)					
	DINNER (TIME)					
	OTHER (TIME)					
	B'TIME (TIME)					
	NOTES					
TUESDAY	READING	BEFORE	AFTER	QA	BI	CP
	B'FAST (TIME)					
	LUNCH (TIME)					
	DINNER (TIME)					
	OTHER (TIME)					
	B'TIME (TIME)					
	NOTES					
WEDNESDAY	READING	BEFORE	AFTER	QA	BI	CP
	B'FAST (TIME)					
	LUNCH (TIME)					
	DINNER (TIME)					
	OTHER (TIME)					
	B'TIME (TIME)					
	NOTES					
THURSDAY	READING	BEFORE	AFTER	QA	BI	CP
	B'FAST (TIME)					
	LUNCH (TIME)					
	DINNER (TIME)					
	OTHER (TIME)					
	B'TIME (TIME)					
	NOTES					

GLUCOSE LOG

WEEK COMMENCING

DAY	READING	BEFORE	AFTER	QA	BI	CP
FRIDAY	B'FAST (TIME)					
	LUNCH (TIME)					
	DINNER (TIME)					
	OTHER (TIME)					
	B'TIME (TIME)					
	NOTES					
SATURDAY	READING	BEFORE	AFTER	QA	BI	CP
	B'FAST (TIME)					
	LUNCH (TIME)					
	DINNER (TIME)					
	OTHER (TIME)					
	B'TIME (TIME)					
	NOTES					
SUNDAY	READING	BEFORE	AFTER	QA	BI	CP
	B'FAST (TIME)					
	LUNCH (TIME)					
	DINNER (TIME)					
	OTHER (TIME)					
	B'TIME (TIME)					
	NOTES					

NOTES

GLUCOSE LOG

WEEK COMMENCING

DAY	READING	BEFORE	AFTER	QA	BI	CP
MONDAY	B'FAST (TIME)					
	LUNCH (TIME)					
	DINNER (TIME)					
	OTHER (TIME)					
	B'TIME (TIME)					
	NOTES					
TUESDAY	READING	BEFORE	AFTER	QA	BI	CP
	B'FAST (TIME)					
	LUNCH (TIME)					
	DINNER (TIME)					
	OTHER (TIME)					
	B'TIME (TIME)					
	NOTES					
WEDNESDAY	READING	BEFORE	AFTER	QA	BI	CP
	B'FAST (TIME)					
	LUNCH (TIME)					
	DINNER (TIME)					
	OTHER (TIME)					
	B'TIME (TIME)					
	NOTES					
THURSDAY	READING	BEFORE	AFTER	QA	BI	CP
	B'FAST (TIME)					
	LUNCH (TIME)					
	DINNER (TIME)					
	OTHER (TIME)					
	B'TIME (TIME)					
	NOTES					

GLUCOSE LOG

WEEK COMMENCING

DAY	READING	BEFORE	AFTER	QA	BI	CP
FRIDAY	B'FAST (TIME)					
	LUNCH (TIME)					
	DINNER (TIME)					
	OTHER (TIME)					
	B'TIME (TIME)					
	NOTES					
SATURDAY	READING	BEFORE	AFTER	QA	BI	CP
	B'FAST (TIME)					
	LUNCH (TIME)					
	DINNER (TIME)					
	OTHER (TIME)					
	B'TIME (TIME)					
	NOTES					
SUNDAY	READING	BEFORE	AFTER	QA	BI	CP
	B'FAST (TIME)					
	LUNCH (TIME)					
	DINNER (TIME)					
	OTHER (TIME)					
	B'TIME (TIME)					
	NOTES					

NOTES

GLUCOSE LOG

WEEK COMMENCING

DAY	READING	BEFORE	AFTER	QA	BI	CP
MONDAY	B'FAST (TIME)					
	LUNCH (TIME)					
	DINNER (TIME)					
	OTHER (TIME)					
	B'TIME (TIME)					
	NOTES					
TUESDAY	READING	BEFORE	AFTER	QA	BI	CP
	B'FAST (TIME)					
	LUNCH (TIME)					
	DINNER (TIME)					
	OTHER (TIME)					
	B'TIME (TIME)					
	NOTES					
WEDNESDAY	READING	BEFORE	AFTER	QA	BI	CP
	B'FAST (TIME)					
	LUNCH (TIME)					
	DINNER (TIME)					
	OTHER (TIME)					
	B'TIME (TIME)					
	NOTES					
THURSDAY	READING	BEFORE	AFTER	QA	BI	CP
	B'FAST (TIME)					
	LUNCH (TIME)					
	DINNER (TIME)					
	OTHER (TIME)					
	B'TIME (TIME)					
	NOTES					

GLUCOSE LOG

WEEK COMMENCING

DAY	READING	BEFORE	AFTER	QA	BI	CP
FRIDAY	B'FAST (TIME)					
	LUNCH (TIME)					
	DINNER (TIME)					
	OTHER (TIME)					
	B'TIME (TIME)					
	NOTES					

DAY	READING	BEFORE	AFTER	QA	BI	CP
SATURDAY	B'FAST (TIME)					
	LUNCH (TIME)					
	DINNER (TIME)					
	OTHER (TIME)					
	B'TIME (TIME)					
	NOTES					

DAY	READING	BEFORE	AFTER	QA	BI	CP
SUNDAY	B'FAST (TIME)					
	LUNCH (TIME)					
	DINNER (TIME)					
	OTHER (TIME)					
	B'TIME (TIME)					
	NOTES					

NOTES

GLUCOSE LOG

WEEK COMMENCING

DAY	READING	BEFORE	AFTER	QA	BI	CP
MONDAY	B'FAST (TIME)					
	LUNCH (TIME)					
	DINNER (TIME)					
	OTHER (TIME)					
	B'TIME (TIME)					
	NOTES					
TUESDAY	READING	BEFORE	AFTER	QA	BI	CP
	B'FAST (TIME)					
	LUNCH (TIME)					
	DINNER (TIME)					
	OTHER (TIME)					
	B'TIME (TIME)					
	NOTES					
WEDNESDAY	READING	BEFORE	AFTER	QA	BI	CP
	B'FAST (TIME)					
	LUNCH (TIME)					
	DINNER (TIME)					
	OTHER (TIME)					
	B'TIME (TIME)					
	NOTES					
THURSDAY	READING	BEFORE	AFTER	QA	BI	CP
	B'FAST (TIME)					
	LUNCH (TIME)					
	DINNER (TIME)					
	OTHER (TIME)					
	B'TIME (TIME)					
	NOTES					

GLUCOSE LOG

WEEK COMMENCING

DAY	READING	BEFORE	AFTER	QA	BI	CP
FRIDAY	B'FAST (TIME)					
	LUNCH (TIME)					
	DINNER (TIME)					
	OTHER (TIME)					
	B'TIME (TIME)					
	NOTES					
SATURDAY	READING	BEFORE	AFTER	QA	BI	CP
	B'FAST (TIME)					
	LUNCH (TIME)					
	DINNER (TIME)					
	OTHER (TIME)					
	B'TIME (TIME)					
	NOTES					
SUNDAY	READING	BEFORE	AFTER	QA	BI	CP
	B'FAST (TIME)					
	LUNCH (TIME)					
	DINNER (TIME)					
	OTHER (TIME)					
	B'TIME (TIME)					
	NOTES					

NOTES

GLUCOSE LOG

WEEK COMMENCING

DAY	READING	BEFORE	AFTER	QA	BI	CP
MONDAY	B'FAST (TIME)					
	LUNCH (TIME)					
	DINNER (TIME)					
	OTHER (TIME)					
	B'TIME (TIME)					
	NOTES					
TUESDAY	READING	BEFORE	AFTER	QA	BI	CP
	B'FAST (TIME)					
	LUNCH (TIME)					
	DINNER (TIME)					
	OTHER (TIME)					
	B'TIME (TIME)					
	NOTES					
WEDNESDAY	READING	BEFORE	AFTER	QA	BI	CP
	B'FAST (TIME)					
	LUNCH (TIME)					
	DINNER (TIME)					
	OTHER (TIME)					
	B'TIME (TIME)					
	NOTES					
THURSDAY	READING	BEFORE	AFTER	QA	BI	CP
	B'FAST (TIME)					
	LUNCH (TIME)					
	DINNER (TIME)					
	OTHER (TIME)					
	B'TIME (TIME)					
	NOTES					

GLUCOSE LOG

WEEK COMMENCING

DAY	READING	BEFORE	AFTER	QA	BI	CP
FRIDAY	B'FAST (TIME)					
	LUNCH (TIME)					
	DINNER (TIME)					
	OTHER (TIME)					
	B'TIME (TIME)					
	NOTES					
SATURDAY	READING	BEFORE	AFTER	QA	BI	CP
	B'FAST (TIME)					
	LUNCH (TIME)					
	DINNER (TIME)					
	OTHER (TIME)					
	B'TIME (TIME)					
	NOTES					
SUNDAY	READING	BEFORE	AFTER	QA	BI	CP
	B'FAST (TIME)					
	LUNCH (TIME)					
	DINNER (TIME)					
	OTHER (TIME)					
	B'TIME (TIME)					
	NOTES					

NOTES

GLUCOSE LOG

WEEK COMMENCING

DAY	READING	BEFORE	AFTER	QA	BI	CP
MONDAY	B'FAST (TIME)					
	LUNCH (TIME)					
	DINNER (TIME)					
	OTHER (TIME)					
	B'TIME (TIME)					
	NOTES					
TUESDAY	READING	BEFORE	AFTER	QA	BI	CP
	B'FAST (TIME)					
	LUNCH (TIME)					
	DINNER (TIME)					
	OTHER (TIME)					
	B'TIME (TIME)					
	NOTES					
WEDNESDAY	READING	BEFORE	AFTER	QA	BI	CP
	B'FAST (TIME)					
	LUNCH (TIME)					
	DINNER (TIME)					
	OTHER (TIME)					
	B'TIME (TIME)					
	NOTES					
THURSDAY	READING	BEFORE	AFTER	QA	BI	CP
	B'FAST (TIME)					
	LUNCH (TIME)					
	DINNER (TIME)					
	OTHER (TIME)					
	B'TIME (TIME)					
	NOTES					

GLUCOSE LOG

WEEK COMMENCING

DAY	READING	BEFORE	AFTER	QA	BI	CP
FRIDAY	B'FAST (TIME)					
	LUNCH (TIME)					
	DINNER (TIME)					
	OTHER (TIME)					
	B'TIME (TIME)					
	NOTES					
SATURDAY	READING	BEFORE	AFTER	QA	BI	CP
	B'FAST (TIME)					
	LUNCH (TIME)					
	DINNER (TIME)					
	OTHER (TIME)					
	B'TIME (TIME)					
	NOTES					
SUNDAY	READING	BEFORE	AFTER	QA	BI	CP
	B'FAST (TIME)					
	LUNCH (TIME)					
	DINNER (TIME)					
	OTHER (TIME)					
	B'TIME (TIME)					
	NOTES					

NOTES

GLOUCOSE LOG

WEEK COMMENCING

DAY	READING	BEFORE	AFTER	QA	BI	CP
MONDAY	B'FAST (TIME)					
	LUNCH (TIME)					
	DINNER (TIME)					
	OTHER (TIME)					
	B'TIME (TIME)					
	NOTES					
TUESDAY	READING	BEFORE	AFTER	QA	BI	CP
	B'FAST (TIME)					
	LUNCH (TIME)					
	DINNER (TIME)					
	OTHER (TIME)					
	B'TIME (TIME)					
	NOTES					
WEDNESDAY	READING	BEFORE	AFTER	QA	BI	CP
	B'FAST (TIME)					
	LUNCH (TIME)					
	DINNER (TIME)					
	OTHER (TIME)					
	B'TIME (TIME)					
	NOTES					
THURSDAY	READING	BEFORE	AFTER	QA	BI	CP
	B'FAST (TIME)					
	LUNCH (TIME)					
	DINNER (TIME)					
	OTHER (TIME)					
	B'TIME (TIME)					
	NOTES					

GLUCOSE LOG

WEEK COMMENCING

DAY	READING	BEFORE	AFTER	QA	BI	CP
FRIDAY	B'FAST (TIME)					
	LUNCH (TIME)					
	DINNER (TIME)					
	OTHER (TIME)					
	B'TIME (TIME)					
	NOTES					
SATURDAY	READING	BEFORE	AFTER	QA	BI	CP
	B'FAST (TIME)					
	LUNCH (TIME)					
	DINNER (TIME)					
	OTHER (TIME)					
	B'TIME (TIME)					
	NOTES					
SUNDAY	READING	BEFORE	AFTER	QA	BI	CP
	B'FAST (TIME)					
	LUNCH (TIME)					
	DINNER (TIME)					
	OTHER (TIME)					
	B'TIME (TIME)					
	NOTES					

NOTES

GLUCOSE LOG

WEEK COMMENCING

DAY	READING	BEFORE	AFTER	QA	BI	CP
MONDAY	B'FAST (TIME)					
	LUNCH (TIME)					
	DINNER (TIME)					
	OTHER (TIME)					
	B'TIME (TIME)					
	NOTES					

TUESDAY	READING	BEFORE	AFTER	QA	BI	CP
	B'FAST (TIME)					
	LUNCH (TIME)					
	DINNER (TIME)					
	OTHER (TIME)					
	B'TIME (TIME)					
	NOTES					

WEDNESDAY	READING	BEFORE	AFTER	QA	BI	CP
	B'FAST (TIME)					
	LUNCH (TIME)					
	DINNER (TIME)					
	OTHER (TIME)					
	B'TIME (TIME)					
	NOTES					

THURSDAY	READING	BEFORE	AFTER	QA	BI	CP
	B'FAST (TIME)					
	LUNCH (TIME)					
	DINNER (TIME)					
	OTHER (TIME)					
	B'TIME (TIME)					
	NOTES					

GLUCOSE LOG

WEEK COMMENCING

DAY	READING	BEFORE	AFTER	QA	BI	CP
FRIDAY	B'FAST (TIME)					
	LUNCH (TIME)					
	DINNER (TIME)					
	OTHER (TIME)					
	B'TIME (TIME)					
	NOTES					
SATURDAY	READING	BEFORE	AFTER	QA	BI	CP
	B'FAST (TIME)					
	LUNCH (TIME)					
	DINNER (TIME)					
	OTHER (TIME)					
	B'TIME (TIME)					
	NOTES					
SUNDAY	READING	BEFORE	AFTER	QA	BI	CP
	B'FAST (TIME)					
	LUNCH (TIME)					
	DINNER (TIME)					
	OTHER (TIME)					
	B'TIME (TIME)					
	NOTES					

NOTES

GLUCOSE LOG

WEEK COMMENCING

DAY	READING	BEFORE	AFTER	QA	BI	CP
MONDAY	B'FAST (TIME)					
	LUNCH (TIME)					
	DINNER (TIME)					
	OTHER (TIME)					
	B'TIME (TIME)					
	NOTES					
TUESDAY	READING	BEFORE	AFTER	QA	BI	CP
	B'FAST (TIME)					
	LUNCH (TIME)					
	DINNER (TIME)					
	OTHER (TIME)					
	B'TIME (TIME)					
	NOTES					
WEDNESDAY	READING	BEFORE	AFTER	QA	BI	CP
	B'FAST (TIME)					
	LUNCH (TIME)					
	DINNER (TIME)					
	OTHER (TIME)					
	B'TIME (TIME)					
	NOTES					
THURSDAY	READING	BEFORE	AFTER	QA	BI	CP
	B'FAST (TIME)					
	LUNCH (TIME)					
	DINNER (TIME)					
	OTHER (TIME)					
	B'TIME (TIME)					
	NOTES					

GLUCOSE LOG

WEEK COMMENCING

DAY	READING	BEFORE	AFTER	QA	BI	CP
FRIDAY	B'FAST (TIME)					
	LUNCH (TIME)					
	DINNER (TIME)					
	OTHER (TIME)					
	B'TIME (TIME)					
	NOTES					
SATURDAY	READING	BEFORE	AFTER	QA	BI	CP
	B'FAST (TIME)					
	LUNCH (TIME)					
	DINNER (TIME)					
	OTHER (TIME)					
	B'TIME (TIME)					
	NOTES					
SUNDAY	READING	BEFORE	AFTER	QA	BI	CP
	B'FAST (TIME)					
	LUNCH (TIME)					
	DINNER (TIME)					
	OTHER (TIME)					
	B'TIME (TIME)					
	NOTES					

NOTES

GLUCOSE LOG

WEEK COMMENCING

DAY	READING	BEFORE	AFTER	QA	BI	CP
MONDAY	B'FAST (TIME)					
	LUNCH (TIME)					
	DINNER (TIME)					
	OTHER (TIME)					
	B'TIME (TIME)					
	NOTES					
TUESDAY	READING	BEFORE	AFTER	QA	BI	CP
	B'FAST (TIME)					
	LUNCH (TIME)					
	DINNER (TIME)					
	OTHER (TIME)					
	B'TIME (TIME)					
	NOTES					
WEDNESDAY	READING	BEFORE	AFTER	QA	BI	CP
	B'FAST (TIME)					
	LUNCH (TIME)					
	DINNER (TIME)					
	OTHER (TIME)					
	B'TIME (TIME)					
	NOTES					
THURSDAY	READING	BEFORE	AFTER	QA	BI	CP
	B'FAST (TIME)					
	LUNCH (TIME)					
	DINNER (TIME)					
	OTHER (TIME)					
	B'TIME (TIME)					
	NOTES					

GLUCOSE LOG

WEEK COMMENCING

DAY	READING	BEFORE	AFTER	QA	BI	CP
FRIDAY	B'FAST (TIME)					
	LUNCH (TIME)					
	DINNER (TIME)					
	OTHER (TIME)					
	B'TIME (TIME)					
	NOTES					
SATURDAY	READING	BEFORE	AFTER	QA	BI	CP
	B'FAST (TIME)					
	LUNCH (TIME)					
	DINNER (TIME)					
	OTHER (TIME)					
	B'TIME (TIME)					
	NOTES					
SUNDAY	READING	BEFORE	AFTER	QA	BI	CP
	B'FAST (TIME)					
	LUNCH (TIME)					
	DINNER (TIME)					
	OTHER (TIME)					
	B'TIME (TIME)					
	NOTES					

NOTES

GLUCOSE LOG

WEEK COMMENCING

DAY	READING	BEFORE	AFTER	QA	BI	CP
MONDAY	B'FAST (TIME)					
	LUNCH (TIME)					
	DINNER (TIME)					
	OTHER (TIME)					
	B'TIME (TIME)					
	NOTES					
TUESDAY	READING	BEFORE	AFTER	QA	BI	CP
	B'FAST (TIME)					
	LUNCH (TIME)					
	DINNER (TIME)					
	OTHER (TIME)					
	B'TIME (TIME)					
	NOTES					
WEDNESDAY	READING	BEFORE	AFTER	QA	BI	CP
	B'FAST (TIME)					
	LUNCH (TIME)					
	DINNER (TIME)					
	OTHER (TIME)					
	B'TIME (TIME)					
	NOTES					
THURSDAY	READING	BEFORE	AFTER	QA	BI	CP
	B'FAST (TIME)					
	LUNCH (TIME)					
	DINNER (TIME)					
	OTHER (TIME)					
	B'TIME (TIME)					
	NOTES					

GLUCOSE LOG

WEEK COMMENCING

DAY	READING	BEFORE	AFTER	QA	BI	CP
FRIDAY	B'FAST (TIME)					
	LUNCH (TIME)					
	DINNER (TIME)					
	OTHER (TIME)					
	B'TIME (TIME)					
	NOTES					
SATURDAY	READING	BEFORE	AFTER	QA	BI	CP
	B'FAST (TIME)					
	LUNCH (TIME)					
	DINNER (TIME)					
	OTHER (TIME)					
	B'TIME (TIME)					
	NOTES					
SUNDAY	READING	BEFORE	AFTER	QA	BI	CP
	B'FAST (TIME)					
	LUNCH (TIME)					
	DINNER (TIME)					
	OTHER (TIME)					
	B'TIME (TIME)					
	NOTES					

NOTES

GLUCOSE LOG

WEEK COMMENCING

DAY	READING	BEFORE	AFTER	QA	BI	CP
MONDAY	B'FAST (TIME)					
	LUNCH (TIME)					
	DINNER (TIME)					
	OTHER (TIME)					
	B'TIME (TIME)					
	NOTES					

DAY	READING	BEFORE	AFTER	QA	BI	CP
TUESDAY	B'FAST (TIME)					
	LUNCH (TIME)					
	DINNER (TIME)					
	OTHER (TIME)					
	B'TIME (TIME)					
	NOTES					

DAY	READING	BEFORE	AFTER	QA	BI	CP
WEDNESDAY	B'FAST (TIME)					
	LUNCH (TIME)					
	DINNER (TIME)					
	OTHER (TIME)					
	B'TIME (TIME)					
	NOTES					

DAY	READING	BEFORE	AFTER	QA	BI	CP
THURSDAY	B'FAST (TIME)					
	LUNCH (TIME)					
	DINNER (TIME)					
	OTHER (TIME)					
	B'TIME (TIME)					
	NOTES					

GLUCOSE LOG

WEEK COMMENCING

DAY	READING	BEFORE	AFTER	QA	BI	CP
FRIDAY	B'FAST (TIME)					
	LUNCH (TIME)					
	DINNER (TIME)					
	OTHER (TIME)					
	B'TIME (TIME)					
	NOTES					

DAY	READING	BEFORE	AFTER	QA	BI	CP
SATURDAY	B'FAST (TIME)					
	LUNCH (TIME)					
	DINNER (TIME)					
	OTHER (TIME)					
	B'TIME (TIME)					
	NOTES					

DAY	READING	BEFORE	AFTER	QA	BI	CP
SUNDAY	B'FAST (TIME)					
	LUNCH (TIME)					
	DINNER (TIME)					
	OTHER (TIME)					
	B'TIME (TIME)					
	NOTES					

NOTES

GLUCOSE LOG

WEEK COMMENCING

DAY	READING	BEFORE	AFTER	QA	BI	CP
MONDAY	B'FAST (TIME)					
	LUNCH (TIME)					
	DINNER (TIME)					
	OTHER (TIME)					
	B'TIME (TIME)					
	NOTES					
	READING	BEFORE	AFTER	QA	BI	CP
TUESDAY	B'FAST (TIME)					
	LUNCH (TIME)					
	DINNER (TIME)					
	OTHER (TIME)					
	B'TIME (TIME)					
	NOTES					
	READING	BEFORE	AFTER	QA	BI	CP
WEDNESDAY	B'FAST (TIME)					
	LUNCH (TIME)					
	DINNER (TIME)					
	OTHER (TIME)					
	B'TIME (TIME)					
	NOTES					
	READING	BEFORE	AFTER	QA	BI	CP
THURSDAY	B'FAST (TIME)					
	LUNCH (TIME)					
	DINNER (TIME)					
	OTHER (TIME)					
	B'TIME (TIME)					
	NOTES					

GLUCOSE LOG

WEEK COMMENCING

DAY	READING	BEFORE	AFTER	QA	BI	CP
FRIDAY	B'FAST (TIME)					
	LUNCH (TIME)					
	DINNER (TIME)					
	OTHER (TIME)					
	B'TIME (TIME)					
	NOTES					
SATURDAY	READING	BEFORE	AFTER	QA	BI	CP
	B'FAST (TIME)					
	LUNCH (TIME)					
	DINNER (TIME)					
	OTHER (TIME)					
	B'TIME (TIME)					
	NOTES					
SUNDAY	READING	BEFORE	AFTER	QA	BI	CP
	B'FAST (TIME)					
	LUNCH (TIME)					
	DINNER (TIME)					
	OTHER (TIME)					
	B'TIME (TIME)					
	NOTES					

NOTES

APPOINTMENTS

DATE	TIME	VENUE	WHOM TO SEE

APPOINTMENTS			
DATE	TIME	VENUE	WHOM TO SEE

APPOINTMENTS

DATE	TIME	VENUE	WHOM TO SEE

APPOINTMENTS

DATE	TIME	VENUE	WHOM TO SEE

APPOINTMENTS

DATE	TIME	VENUE	WHOM TO SEE

NOTES

NOTES

Printed in Great Britain
by Amazon

85040008R00131